역사를 읽으면 통찰력을 얻는다
중국역사를 읽으면 중국으로 가는 길이 보인다

COMIC VERSION OF CHINESE HISTORY 40, 41, 42

Copyright ⓒ 中国美术出版社总社连环画出版社, 2011; 编绘: 孙家裕; 主笔: 尚嘉鹏 · 潘广维
Korean translation copyright ⓒ Korean Studies Information Co., Ltd., 2013
Korean translation rights of 《COMIC VERSION OF CHINESE HISTORY》
arranged with LIANHUANHUA PUBLISHER directly.

21일간의 이야기만화 역사기행

만리 중국사

18권 명 1

초판인쇄 2014년 3월 7일
초판발행 2014년 3월 7일

글·그림 쑨자위
글 상자펑·판광웨이
옮긴이 류방승
펴낸이 채종준
기획 권성용
편집 정지윤, 백혜림
디자인 박능원, 이효은
마케팅 송대호, 정경철, 이행은

펴낸곳 한국학술정보(주)
주소 경기도 파주시 회동길 230 (문발동 513-5)
전화 031) 908-3181(대표)
팩스 031) 908-3189
홈페이지 http://ebook.kstudy.com
전자우편 출판사업부 publish@kstudy.com
등록 제일산-115호(2000. 6. 19)

ISBN 978-89-268-5434-1 14910
       978-89-268-5416-7 14910 (set)

18권 명 1

강성하고 부유한 제국의 건설

쑨자위 글 · 그림
상자펑 · 판광웨이 글

만리
중국사

21일간의 이야기만화 역사기행

이담
Books

중국은 세계 4대 문명 발상지 가운데 하나다. 중화 문명은 아득히 먼 옛날부터 수천 년 동안 전해져 내려오며 상고上古, 하夏, 상商, 주周, 춘추春秋, 전국戰國, 진秦, 서한西漢, 동한東漢, 삼국三國, 서진西晉, 동진東晉, 남북조南北朝, 수隋, 당唐, 오대십국五代十國, 송宋, 요遼, 서하西夏, 금金, 원元, 명明, 청淸 등의 역사 시대를 거쳤다.

중화 문명은 세계에서 가장 오래된 문명이자 가장 오래 지속된 문명이기도 하다. 중화 문명과 어깨를 나란히 한 문명으로는 고대 바빌론 문명, 고대 그리스 문명, 고대 이집트 문명 등이 있다. 어떤 문명은 중국보다 먼저 발생하고, 또 범위도 훨씬 넓었지만 이들은 이민족의 침입 혹은 스스로의 부패로 인해 멸망하여 결국 기나긴 역사 속에서 연기처럼 사라져 버렸다. 중국만이 세계에서 유일하게 문명 대국을 자랑하며 유구한 역사를 이어 오고 있다.

수천 년 동안 중화 민족은 무엇에도 굴하지 않는 강인한 의지와 과감한 탐구 정신, 총명한 지혜로 웅장한 역사의 장을 엶과 동시에 눈부시게 찬란한 물질문명과 정신문명을 창조했다.

이 책의 편집 제작은 정사正史를 바탕으로 진실하고 객관적인 사실을 전달하는 데 주력했다. 또한 역사를 만화 형식으로 풀어 씀으로써 독자들이 아름답고 다채로우며 생동감 넘치는 장면을 느끼리라 기대한다. 독자 여러분들이 쉽고 재미있게 읽는 가운데 역사를 직접 느끼고 역사에 융화되어 깨닫는 바가 있기를 바란다.

지롄하이紀連海
중국 CCTV '백가강단百家講壇' 강사

강성하고 부유한
제국의 건설

명(明, 1368~1644년)은 한족이 몽고족의 통치를 뒤엎고 건립한 한족 부흥 왕조이자 중국 역사에서 마지막으로 한족이 건국한 군주제 왕조이다.

1368년, 주원장朱元璋은 원나라가 와해되는 시기에 민족 중흥의 기치 아래 응천부(應天府, 지금의 남경)를 수도로 삼아 명나라를 건국했다. 그해에 대도를 함락하고 원나라의 마지막 황제 순제를 북쪽으로 몰아냈다. 중원을 통일한 그는 정치적으로 중앙집권적 전제 통치를 더욱 강화하고 모든 군정 대권을 황제에게 귀속시켜 진한 이래로 이어온 중앙집권 통치가 한층 더 강화되었다.

명은 영락제(永樂帝, 주체朱棣) 때 전성기를 맞이했다. 그는 백성들의 생계를 살피고, 대운하를 건설하고, 북쪽 변방의 경계를 강화하여 장성을 수리했으며, 북방 이민족의 침입에 재빨리 대응하기 위해 1421년에 수도를 북경北京으로 정식 천도했다.

명나라는 강력한 중앙집권제를 바탕으로 경제가 회복되면서 농업과 수공업이 현격하게 발전했다. 상업과 도시는 전에 없는 번영을 누렸고, 심지어 강남에는 기술 분업과 고용·노동 등 자본주의 생산방식이 출현하게 되었다. 또 정화鄭和는 일곱 차례나 서양을 다녀오는 업적을 이룩했고, 중국과 아시아 및 아프리카 각국과의 우호 관계 및 경제·문화 교류도 활발히 이루어졌다.

하지만 후기로 들어서면서 통치가 부패하고 환관이 정권을 농락하자 조정은 점점 혼란에 빠져들게 되었다. 토지가 소수에게 집중된 데다 계급 갈등까지 격화되면서 이자성李自成 등이 이끄는 농민 기의가 발발했다. 1644년, 이자성의 농민군이 북경을 함락하고 명나라를 뒤엎자 숭정제崇禎帝는 목을 매 자살했다. 이때 동북 지방에서 흥기한 청淸나라가 중원이 어수선한 틈을 타 산해관山海關을 넘어와 이자성을 몰아내고 새로운 중원의 주인이 되었다.

사상 면에서 왕수인王守仁은 실천을 중시하는 인격주의의 이상철학理想哲學을 주창하여 유학에 새로운 생명을 불어넣었다. 그의 학설인 양명학陽明學이 크게 유행하면서 명나라 말기의 사상계를 주도했다. 또한 명대에는 과학과 문학이 큰 발전을 이룩했는데 이시진李時珍의 『본초강목本草綱目』, 송응성宋應星의 『천공개물天工開物』, 서광계徐光啓의 『농정전서農政全書』 및 중국의 4대 기서 중 『서유기西遊記』, 『수호전水滸傳』, 『삼국연의三國演義』가 모두 명대에 지어졌다.

시대별 주요 사건

상고 上古	B.C. 약 800만~2000년
하 夏	B.C. 2070~1600년
상 商	B.C. 1600~1046년
주 周	B.C. 1046~771년
춘추 春秋	B.C. 770~403년
전국 戰國	B.C. 403~221년
진 秦	B.C. 221~206년

| 한 漢 | 서한 西漢 | B.C. 206~A.D. 25년 |
| | 동한 東漢 | 25~220년 |

| 삼국 三國_위·촉·오 | 220~280년 |

| 양진 兩晉 | 서진 西晉 | 265~317년 |
| | 동진 東晉 | 317~420년 |

남북조 南北朝	420~589년
수 隋	581~618년
당 唐	618~907년
오대십국 五代十國	907~960년

| 송 宋 | 북송 北宋 | 960~1127년 |
| | 남송 南宋 | 1127~1279년 |

요 遼	907~1125년
서하 西夏	1038~1227년
금 金	1115~1234년
원 元	1271~1368년
명 明	1368~1644년
청 淸	1644~1911년

명 明

- 1368년 주원장이 명나라를 건국, 원나라 멸망
- 1370년 과거科擧를 제정
- 1375년 개국공신 유기 병사, 금·은·동 유통 금지
- 1376~1393년 주원장의 개국공신 숙청 시작, 문자의 옥文字-獄 빈번하게 발생
- 1380년 호유용의 옥, 승상제 폐지
- 1398년 주원장이 서거하고 건문제가 즉위
- 1399~1402년 연왕 주체의 정난의 변 발발
- 1402년 주체 즉위(영락제), 내각제 창설
- 1405~1433년 정화가 서양을 항해함.
- 1407년 『영락대전永樂大典』 편찬
- 1414년 영락제가 몽고의 오이라트(와랄) 정벌
- 1421년 영락제가 북경으로 천도함.
- 1424년 영락제가 타타르 친정 중 사망, 인종 즉위
- 1445년 활자인쇄술을 유럽에 전파
- 1449년 토목보의 변으로 영종이 포로가 됨, 경제 즉위, 우겸이 북경을 지킴.
- 1457년 탈문의 변으로 영종 복위, 우겸이 피살됨.
- 1510년 안화왕 주진번이 반란을 일으킴, 유근이 처형됨.
- 1519년 영왕 주신호가 반란을 일으킴.
- 1528년 왕수인 사망
- 1541년 토목특의 아륵탄칸이 침입함.
- 1544년 엄숭이 수보에 오름.
- 1550년 경술의 변 발발
- 1563년 척계광이 평해위에서 왜구를 대파
- 1566년 해서가 상소를 올려 하옥됨.
- 1572년 신종 즉위, 장거정이 개혁 실시
- 1581년 전국에 일조편법一條鞭法을 추진
- 1582년 장거정이 사망하고 개혁이 중지됨.

차례

◎ 추천사 05

◎ 들어가며 06

◎ 시대별 주요사건 07

명 上

◎ 주원장이 차츰 두각을 나타내다 15

◎ 주원장과 진우량의 파양호 대전 上 27

◎ 주원장과 진우량의 파양호 대전 下 39

◎ 공포정치를 단행한 주원장 51

◎ 주원장이 개국공신을 모두 죽이다 63

◎ 주체가 정난의 변으로 황제에 오르다 上 75

◎ 주체가 정난의 변으로 황제에 오르다 下 87

◎ 정화가 일곱 차례 서양을 항해하다 99

◎ 주체의 북경 천도 111

명 中

◉ 토목보의 변으로 영종이 포로가 되다 129

◉ 우겸이 북경성을 지켜내다 上 141

◉ 우겸이 북경성을 지켜내다 下 153

◉ 억울하게 부정행위자로 몰린 당백호 165

◉ 양일청이 환관 유근을 제거하다 177

◉ 심학을 주장한 왕수인 189

◉ 미친 척해 위기를 모면한 당백호 201

◉ 왕수인이 영왕의 반란을 평정하다 213

◉ 황당무계한 황제, 주후조 225

명 下

◉ 엄답이 통상 요구로 북경을 침공하다 243

◉ 서계가 엄숭을 제거하다 255

◉ 척계광이 왜구를 평정하다 上 267

◉ 척계광이 왜구를 평정하다 下 279

◉ 이시진과 『본초강목』 291

◉ 황제를 신랄히 비판한 청백리, 해서 303

◉ 장거정이 고공을 몰아내고 권력을 쥐다 315

◉ 장거정의 개혁으로 나라가 부강해지다 上 327

◉ 장거정의 개혁으로 나라가 부강해지다 下 339

명 上

◦ 주원장이 차츰 두각을 나타내다

◦ 주원장과 진우량의 파양호 대전 上

◦ 주원장과 진우량의 파양호 대전 下

◦ 공포정치를 단행한 주원장

◦ 주원장이 개국공신을 모두 죽이다

◦ 주체가 정난의 변으로 황제에 오르다 上

◦ 주체가 정난의 변으로 황제에 오르다 下

◦ 정화가 일곱 차례 서양을 항해하다

◦ 주체의 북경 천도

啺上

明

인물 소개

주원장朱元璋

명 태조. 명의 개국 황제로 연호는 홍무洪武이다. 그의 통치 시기는 연호를 따 '홍무의 치'라고 부른다.

진우량陳友諒

원 말기 대한大漢 정권의 건립자. 농민 전쟁이 발발하자 천완天完 홍건군에 가담했다가 공적을 세워 대장이 되었다. 이후 자립하여 황제를 칭하고 대한을 건국했다.

유기劉基

원말 명초의 군사가이자 정치가, 시인이다. 경사에 통달하고 천문에 밝으며 병법에 정통해 제갈량에 비견되곤 한다. 문학사에서도 유기는 송렴宋濂, 고계高啓와 함께 '명초 시문의 3대가'로 불렸다.

서달徐達

명의 개국공신. 주원장을 따라 수많은 전공을 세워 명이 건국된 후 무관 제일의 자리에 올랐다.

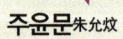

주윤문朱允炆

명 혜제惠帝. 건문제建文帝라고도 불린다. 명의 2대 황제로 연호는 건문建文이었다. 정난靖難의 변으로 황위에서 쫓겨난 뒤 행방불명되었다.

요광효 姚廣孝

원말 명초의 고승이자
정치가. 홍무 15년에 추천을
거쳐 연왕 주체의 주요 모사가
되었다. 이후 주체를 위해 많은
계책을 바쳐 주체가 황위를
빼앗는 데 크게 공헌했다.

황자징 黃子澄

명초의 진사. 건문제가
즉위한 후 제태와 함께
삭번을 건의했다.
후에 주체가 거병에
성공한 후 피살되었다.

제태 齊泰

명초의 관원.
건문제에게 삭번을 건의
했다가 이로 인해 주체의
반발을 사 정난의 변이
일어나고 말았다.

주체 朱棣

명 성조成祖. 명의 3대 황제
이다. 주원장의 넷째 아들로
연왕燕王에 봉해졌다가 훗날
정난의 변을 일으켜 제위를
빼앗았다. 그의 통치 기간에
사회가 안정되고 나라가 부강
해져 후세에는 이 시기를
'영락성세永樂盛世'라고 부른다.

정화 鄭和

중국 역사상 가장 걸출한
항해가. 콜럼버스보다
백여 년 앞서 세계를 항해
했다. 일곱 차례나 서양을
항해하며 서태평양에서
인도를 지나 30여 개
국가와 지역을 방문했다.

시대별지도

명明

후금後金

타타르

×살이호薩爾

○산해관山海

북경北京 ◎ 영원寧遠

×
토목보土木堡

산동山東

섬서陝西 산서山西

하남河南 남경南京 ○

명明

파양호鄱陽湖
사천四川 × 절강浙江

호광湖廣 강서江西

귀주貴州 복건福建

운남雲南 대만도臺

광서廣西 광동廣東

주원장이 차츰 두각을 나타내다

주원장은 원래 승려였는데 원 말기에 농민 기의가 발발하자 친구인 탕화의 소개로 호주를 점령하고 있던 의용군 수령 곽자흥에게 몸을 의탁했다. 그가 두드러진 활약을 보이자 곽자흥은 그를 사위로 삼았다.

주원장, 곽 수령이 인질로 잡혀 갔어!

뭐라고?

탕화, 허둥대지 말고 자세히 얘기해 봐. 누가 장인을 잡아 간 거야?

호주의 나머지 네 수령이 곽 수령을 마음에 들어 하지 않아 이런 일을 저질렀다고!

음…

손덕애는 곽자흥과 함께 거병한 자로 둘 사이에 알력 다툼이 심했다.

내가 아무 준비도 없이 찾아온 줄 아시오?

손 장군, 살려 주십시오!

폭행과 납치에 가담한 범인을 끌고 와라.

헉!

주원장, 대담하구나! 그를 풀어 주지 않으면 어쩔 테냐?

훙!

당신이 공금 횡령한 장부가 내 손에 있으니 알아서 하시오.

뭐?

여봐라……

날 건드릴 생각 마시오. 탕화가 군중에 증거를 가지고 있으니까.

좋다. 그럼 곽자흥을 풀어 주면 되겠느냐?

다시는 내 장인을 괴롭히지 않겠다고 약속하시오!

휴…

알겠다.

주원장이 곽자흥을 구해 냈지만 의용군 내의 권력 다툼은 한시도 멈추지 않았다.

큰 뜻은 없고 내분만 일으키는 자들과는 같이 일하고 싶지 않아.

자네가 가는 곳이라면 어디든 따라가겠네!

탕화……

다음에 어디로 갈지 정하지는 않았지만 내 최종 목표는 바로……

무엇?

천하를 얻는 것이다!

주원장은 독자 노선을 걷기로 결심하고 자신을 따르는 수하들과 함께 먼저 장가보를 찾아갔다.

장 두목!

아이고, 주 공자님!

안으로 드시지요.

건배!

자!

주공!

서달, 무슨 일인가?

산채가 조용한 것이 움직일 기미가 보이지 않습니다. 아무래도 장가에게 속은 듯합니다.

좋은 생각이 있느냐?

장 두목은 욕심만 많고 머리가 없는 자입니다.

내일 연회에 그를 초청해 억류한 다음 하산을 강요하십시오.

산채를 떠나면 말썽을 일으키지 못할 겁니다.

오, 좋은 계책이다!

21

태연

술을 잘 마시다가 이게 무슨 짓이오?

몰라서 묻냐? 시침 떼기는.

수하들에게 즉각 산채에서 내려 오라고 명하시오. 허면 내 그대를 앞으로도 좋은 친구로 대하리다!

그렇지 않으면…

내, 내 당장 명령을 내리 겠소!

22

주원장이 장가보의 군사를 얻어 동진하는 도중, 횡간산에 의용군이 주둔한다는 소식이 들려왔다.

다다다

2만이라...

전방 횡간산의 2만 군대를 굴복시키면 우리 세력도 만만치 않아질 것입니다.

하지만 우리는 4천 명 뿐이라 이기기 쉽지 않소.

상대는 약자 앞에 강하고 강자 앞에 약한 족속들이라 자신감만 있으면 무찌를 수 있소!

2만 vs. 4천이라고!

좋다. 오늘밤 저들을 급습하자!

예!

그날 밤, 횡간산

돌격!

어디서 튀어 나온 군대지?

모르겠어. 빨리 도망 가자!

멈추십시오. 투항하겠 습니다!

상황 판단이 됐구나!

급습을 하다니!

어젯밤에 원군이 닥쳤다면 다들 죽음을 면치 못했을 것이다!

목숨을 보존 하려면 엄격한 기율과 강도 높은 훈련이 필요하다!

이렇게 많은 군사 가 단숨에 우리에게 패배해 놓고 부끄럽 지도 않느냐?

내 너희들을 이끌고 대업을 이루고자 한다. 힘든 길이지만 따라오겠느냐?

기꺼이 장군을 따르 겠습니다!

얍!

주공!

진전은 있느냐?

다들 훈련 열정이 강해 금방 거칠 것 없는 정예병이 될 것입니다!

수고가 많다!

좋아 좋아

얼마 후 주원장은 장인 곽자흥의 군대를 흡수해 세력이 더욱 막강해졌다. 1356년에는 응천(지금의 남경)을 점령하여 반원의 근거지로 삼았다.

주원장과 진우량의 파양호 대전 上

응천에 근거지를 확보한 주원장의 최대 적수는 장강 상류에 도사리고 있던 한왕 진우량이었다.

1360년, 진우량은 주원장 공격에 나서 일거에 채석, 태평을 점령하고 곧장 응천으로 쳐들어갔다.

태평을 잃어 응천이 진우량의 함대에 완전히 노출됐으니 성을 버리십시오.

어떻게 여기까지 왔는데.

겨우 근거지로 마련한 응천을 버리면 어디로 간단 말이냐?

적의 위세가 대단해 응천을 사수하면 승산이 없습니다.

응천은 삼면이 장강으로 둘러싸여 있고 진우량의 수군이 막강해 봉쇄당하는 건 시간 문제입니다.

응천성에서 진우량을 대적할 수 없으니 자금산으로 후퇴하십시오.

유기, 좋은 생각 없나?

도망가자고 주장하는 자는 신하될 자격이 없으니…

왜… 왜 이래?

무슨 헛소리냐?

모두 목을 베십시오!

이…

도망가려면 가라. 나는 응천성과 존망을 함께하겠다!

진우량이 초반 승리로 자만에 빠져 있어서 매복 공격을 가하면 쉽게 물리칠 수 있습니다.

말 잘했다. 내 절대 응천을 버리지 않겠다.

기왕 공격하려면 병력을 집중해 태평을 다시 빼앗은 다음 그곳에서 결전을 벌이십시오.

진우량이 도착하기 전에 출격해야 허를 찌르는 효과를 거둘 수 있습니다.

태평성은 견고해서 공략하기가 쉽지 않다.

성급하게 진격했다가 교착 상태에 빠지면 골치 아파진다.

진우량의 수군을 육지로 유인해 함정에 빠뜨려야만 승산이 있다. 대부분의 병력을 용만에 매복해 두어라!

견고한 응천성을 버리고 수적 우세에 있는 적과 야전을 벌이는 것도 적절치 않다.

주공의 계획은 좋습니다만 그가 수군을 버리고 우리를 따라 육지로 올라올까요? 또 응천으로 통하는 수로는 두 길인데 적군이 용만으로 오리라 확신하십니까?

이건 다 강무재의 생각이다.

아…

헤헤……

사실 강무재는 진우량의 옛 부하로 진우량에게 거짓 항서를 보냈다.

이제 주원장의 천수도 다했다. 강무재가 편지를 보내 내응하기로 약속했다.

강무재는 믿을 만합니까?

너무 좋아 하는 것 아닌지.

그는 원래 짐의 수하였는데 주원장에게 투신한 후에도 계속 연락을 주고받아 믿어도 된다.

게다가 벼슬과 녹봉으로 유혹했으니 마음이 움직일 수밖에.

힛ㅡ

다 왔다. 강무재와 저 나무 다리에서 만나기로 했다.

30

무재야!

고요—

강무재!

보십쇼. 앞의 다리는 석교입니다!

뭐라고?

강무재가 분명 나무다리라 했는데 왜 석교가 됐지?

이런, 계략에 빠진 건가?!

아 아 악

푸
드
덕

적의 매복은 전혀 없는 것 같은데……

혹시 그가 주원장에게 발각돼 못 온 건 아닐까요?

느낌이 불길하네.

이곳은 아무래도 의심스럽다. 다른 수로로 가자!

예!

아군이 이미 용만에 상륙해 적을 격퇴했습니다!

좋다. 전군은 용만으로 간다!

Go!

진우량은 쾌재를 부르며 용만에 상륙해 응천으로 진격하려 했다. 그런데 이때……

돌격하라!

우다다―

큰일 났습니다. 서달과 상우춘*이 기습해 옵니다!

뭐? 정말 매복에 걸렸구나.

절대 후퇴하지 마라!

제게 맡기십시오!

* 상우춘常遇春
　명의 개국공신으로 서달과 함께 수많은 전공을 세웠다.

34

주원장은 용만에서 진우량을 대파한 후 자신의 기반을 공고히 했다. 1361년, 그는 오를 건국하고 오국공에 올랐다.

폐하, 주원장이 장사성 공격에 나섰습니다.

오호, 그래?!

이 어리석은 놈이 누가 자신의 최대 적인 줄도 모르고 장사성과 얽혔구나.

이 틈을 타 그의 근거지인 응천을 공격하십시오.

응천은 조만간 짐의 손에 들어올 테니 먼저 홍도를 공격해 반역자를 처단하자.

나 진우량, 반역자는 용서 못 하지.

다다다

홍도의 수장이 전에 폐하의 수하였다가 주원장에게 투항해 분을 못 참아 그런대.

감정적으로 일을 처리해서 쓰나?

참나, 주원장의 주력부대가 성을 나간 틈을 타 응천을 공격해야지 쓸모없는 홍도는 왜 공격하는 건지.

2개월 후

60만 대군을 이끌고 고립된 성을 공격하는데 2개월간 아무 소득이 없다니……

36

성을 무너뜨린 후 반역자를 도살한다고 떠벌였으니 목숨을 걸고 지키지 않는 게 이상하죠.

깐죽

뭐라고 했느냐?

아…아무 말도 안 했습니다.

장자명이란 첩자를 잡았습니다.

빨리 데려 와라.

너는 주원장이 보낸 것이냐?

꿇어라!

아이고!

털썩

소인은 성 밖으로 오국공에게 구원을 청하러 갔다가 구원병이 곧 도착한다는 소식을 전하려다가 그만……

우리가 홍도를 철통같이 포위하고 있는데 이를 뚫으려 한 네 용기가 가상타.

왜 저런 표정으로 다가 오는 거지?

이리 가까 이 와라. 짐이 네게 큰 상을 내리겠다!

폐하를 위해 충성을 다하 겠습니다!

홍도 병사들에게 구원병이 오지 않으니 즉각 항복 하라고 말해라.

아주 고분고분한 놈이군.

예, 폐하!

주원장과
진우량의 파양호
대전 下

홍도

형제들아,
나는 장자명이다.
오국공을 뵙고
돌아왔다!

왜 칼을
빼 들고?

오국공이
구원병을 보내
준다더냐?

수상해…

조금만 더
버티면 우리
대군이 곧 당도
할 것이다!

철의

빨리 저
자의 목을
베어라!

예, 폐하!

39

구원병이 곧 온다는 얘기를 다 들었느냐?

굳게 지키며 절대 투항해서는 안 된다!

절대 투항 하지 않겠습니다!

이는 장자명이 목숨을 걸고 알린 소식이다. 모두 그의 명복을 빌자!

명복을 빕니다!

척— 척—

짐을 속이다니!

성을 함락한 후 반드시 장자명의 구족을 멸하겠다!

주원장이 20만 대군을 이끌고 홍도 부근에 당도했습니다!

뭐?

홍도에서 시간을 지체하지 말고 당장 주원장과 결판을 내십시오.

수군이 우세를 점하도록 결전 지점은 파양호鄱陽湖로 정한다!

예, 폐하!

이로써 진우량과 주원장의 부대는 파양호에서 결전을 준비했다.

진우량의 함대는 거함이 많으므로 직접 전투를 벌이기보다 우리의 장점인 기동력을 최대한 발휘해야 합니다!

속도전이라.

서달, 네가 선봉이 돼 진우량을 우리의 사정권 안으로 유인해라!

예, 오국공!

파양호

적의 사기를 꺾도록 최전방 적선을 포위하라!

알겠습니다!

화살 발사!

쉭
쉭
슉

얍!

나를
따르라!

짐이 또 쥐새끼 같은 주원장에게 당했구나!

열 받아!

흥!

어? 장정변 어딜 가느냐?

쿵쿵쿵

큰일 났습니다. 장 장군의 함선이 대열을 벗어났습니다!

전함 몇 척을 끌고 갔느냐?

세 척 입니다!

헉!

다른 사람은 신경 쓰지 말고 기함으로 돌격해 주원장을 사로잡는다!

적선이 오국공에게 다가 가지 못하도록 막아라!

죽어라!

으악!

45

미처 손쓸 틈 없이 적선이 오국공의 배로 돌진하고 있습니다!

흥!

상우춘

당황하지 마라. 누가 장정변이냐?

저기 있습니다.

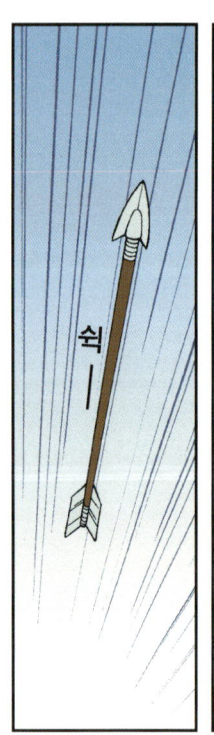

쉭—

윽!

거의 다 왔는데… 분하다.

장 장군이 화살에 맞았다. 철수하라!

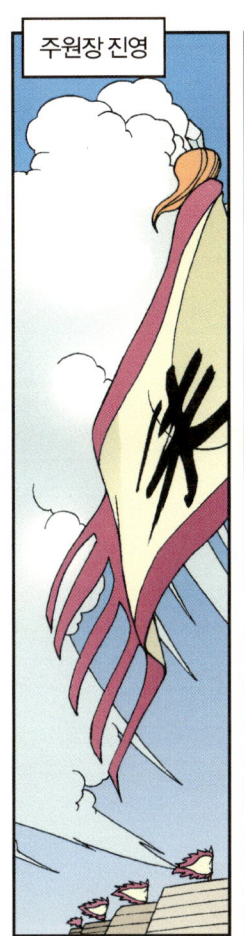

주원장 진영

상우춘의 화살이
장정변을 맞혀서
다행이지, 위험할
뻔했다.

십년감수
했네.

적군이
쇠사슬로 배들을
연결했습니다!

쇠사슬로
배를
연결해?

진우량이 풍랑에도
끄떡없도록 선단을
쇠사슬로 연결한
모양인데……

안타깝게도
그는 주유가 화공
으로 적벽에서 대승
을 거둔 걸 모르나
봅니다.

하하, 그렇다면
우리가 한 수
가르쳐 주자!

적의 배가 너무 커서 공격하기는 불가능하고 화공을 써야 합니다.

내 이미 화약을 실은 배 일곱 척을 준비해 두었다.

따라와라!

예, 오국공.

바람이 불지 않아 쓸 수가 없구나.

그럼 기다려 보도록 하죠.

고요―

49

배가 모두 연결돼 있어서 바다가 아니면 달아날 곳이 없다!

불이야, 빨리 달아나자!

펑—

으악!

악, 어떻게 이런 일이!

oh, my God—

진우량은 포위를 뚫고 달아나다가 비오듯 쏟아지는 화살을 맞고 죽었다. 주원장은 파양호 대전의 승리로 원 말기 가장 막강한 세력으로 부상했다.

50

공포정치를 단행한 주원장

1368년, 주원장은 원나라 세력을 중원에서 몰아내고 응천에서 제위에 오른 뒤 국호를 명, 연호를 홍무라 정했다.

호호호

하하

멈춰라! 대명률에 따르면 기녀의 입궁은 금지돼 있다!

주관정, 넌 하찮은 감찰어사에 불과하면서 함부로 궁내 일까지 간여하느냐!

이들이 폐하를 뵈러 가는데도 잡을 것이냐?

법률은 폐하가 제정한 것인데 폐하가 앞장서서 법을 어기면 법률이 무슨 소용이오?

기다려라. 내 폐하께 보고해 널 벌주고 말 테다!

환관은 주관정과의 일을 주원장에게 낱낱이 보고했다.

주관정이 너무 무례합니다!

엉?

휴, 짐이 그에게 잡혀가도 무슨 할 말이 있겠느냐.

법은 준엄하니 황제인 나도 예외일 순 없지.

그의 말이 모두 옳으니 짐이 다시는 기녀를 입궁시키지 않겠다고 전해라.

예, 폐하!

폐하가 잘못을 인정했으니 돌아가라.

이 일이 하찮아 보여도 영향력이 매우 커서 폐하께 직접 말씀드려야겠소!

이보게, 당장 멈추지 못하겠나!

52

꼬끼오~

폐하가 정무를 일일이 챙기면서 된서리를 맞은 건 우리 대신들이야. 매일 날이 밝기도 전에 조회에 나와야 하니, 원.

아함, 졸려.

북소리가 울리면 일어나 옷을 입고, 아침 조회에 늦지 않을지. 언제 전원으로 돌아가서 즐거움을 누리고, 아침 밥 다 될 때까지 잠을 자 볼 수 있을까.

중얼 중얼

전재, 방금 전 그 시는 아주 훌륭했소.

무...무슨 말씀을 하시는지…

54

하지만 짐이 그대에게 늦게 온다고 뭐라 한 적은 없지 않소?

용서해 주십시오. 신이 입에서 나오는 대로 지은 엉터리 시일 뿐, 폐하를 원망할 뜻은 절대 없었습니다!

일어나 시오. 그대를 탓할 마음은 없으니.

목소리도 작았고 폐하가 주위에 아무도 없었는데 폐하가 어떻게 알았지?

송렴, 어젯밤 뭘 했소?

친구들과 술을 한잔 했습니다.

그래, 어떤 친구들이오?

그런 걸 왜 물으시지?

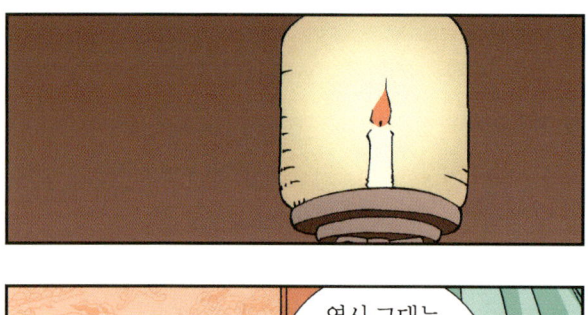

역시 그대는 성실하구려. 손님과 요리가 말한 그대로요. 자, 한 번 보시오.

헉!

이처럼 주원장은 정권을 공고히 하기 위해 대신들의 일거수일투족을 감시했다. 또한 그는 재상 호유용이 권력을 독점했다는 것을 빌미로 재상 제도를 폐지하고 수만 명을 도살했다. 그러자 이를 두고 볼 수 없었던 태자 주표가 나섰다.

말썽꾼 호유용 하나만 죽이면 되는데 왜 이리도 많은 사람을 연루시키십니까?

흥, 네가 태자 자리를 거저 먹으려 하느냐!

툭!

손으로 쥐어라!

이 몽둥이엔 가시가 있습니다.

가시가 있으면 쥐기 어려운 건 아니냐?

노발

대발

짐이 죽인 자들은 모두 위험인물이다. 널 위해 가시를 뽑았단 말이다!

군주가 행동하는 대로 대신도 행동한다고 들었습니다!

다시 한 번 말해 봐라!

설사 그렇더라도 심하셨어.

다 널 위해 한 일인데 감히 날 비방하는 것이냐!

악!

쨍그랑

탁!

걸음아, 날 살려라!

썩 꺼져라!

58

호부상서 여태소의 상소입니다.

읽어라!

삼황오제는 ……

인의도덕이란 ……

쿨쿨쿨

하암… 이크!

삐끗ㅡ

읽은 지 얼마나 됐느냐?

족히 두 시간은 됐습니다.

몇 글자냐?

만 자가 넘습니다.

폐하!

벌떡

여태소가 쓸데없는 일로 짐의 시간을 낭비하게 하다니!

송렴을 불러 와라!

60

폐하, 찾으셨습니까?

흥분하면 오래 못 살아. 진정하자.

여태소가 올린 상소는 알맹이가 없고 불경하기까지 하니 어찌 처리하면 좋겠소?

툭─

음……

그는 다만 충심을 다한 것뿐입니다.

언로를 확대해야 하는데 그를 벌해서야 되겠습니까?

화를 가라앉히신 다음 나중에 천천히 한번 읽어 보십시오. 취할 만한 내용이 많습니다.

짐은 이제 지쳤소. 상소가 너무 많아서 꼬박 밤을 새도 다 읽지 못할 정도요.

재상을 폐지하여 크고 작은 일 모두 직접 처리하시려니 힘든 게 당연합니다.

휴……

주원장의 통치는 인치人治의 색채가 아주 강해 명나라는 그의 재위 기간 동안 크게 번영을 누렸다.

주원장이 개국공신을 모두 죽이다

몽고족이 중원에서 쫓겨난 후 명의 무장들은 더 이상 쓸모가 없어졌다. 또한 그들이 병권을 장악하고 권력을 휘두르자 위협을 느낀 주원장은 개국공신들을 하나씩 제거하기 시작했다.

폐하께서 아버지가 병에 걸렸다는 얘길 듣고 특별히 연회 음식을 보내셨습니다.

여기 있습니다.

앗, 이건 찐 오리잖아!

뭐, 오리?!

아버지는 등에 종창이 나서 오리를 드시면 안 되오!

폐하께서 하사하신 음식을 거부하겠다는 것이오?

토끼가 다 죽으면 사냥개를 삶는 다더니!

나 서달은 폐하를 위해 목숨을 바쳤는데 결국 이런 대접을 받는구나. 가져와라!

아버지……

엉엉……

아버지!

폐하가 날 이렇게 버리다니, 인생 허무하구나!

몽고군이 또 국경을 침범해 백성을 약탈하고 있습니다.

몽고 놈들이 짐에게 호되게 당한 일을 벌써 잊었나 보구나!

어떤 장수를 출정시킬까요?

지난번 서달을 따라 출정한 남옥이 장군감입니다.

음, 그를 쓰는 수밖에 없구나.

서달이 죽고 솔직히 믿을 만한 장수가 없다.

이제 와서 그런 얘길 해봤자.

몽고군이 포어아해에 숨어 있다는 정보가 있다.

남 장군, 몽고군이 우리 대군이 온다는 소식을 듣고 바로 몸을 숨겼습니다.

우리 15만 대군이 너무 사막 깊숙이 들어와 식량과 물이 곧 떨어집니다.

철군하지 않으면 여기서 죽을지도 모릅니다.

몽고군 그림자도 보지 못하고 돌아가면 폐하께 뭐라고 설명한단 말이냐?

그건……

몽고군이 분명 포어아해에 있을 것이니 중도에 포기할 수 없다. 전진하라!

예, 장군!

포어아해

이런 음산한 곳에 숨어야 하는 우리 신세가 너무 비참해.

대도에서 흥청망청 놀던 그 시절이 그립구나!

그런 말 마. 지금은 초원만 지켜도 아주 만족이라고.

명군이 이곳까지 과연 쫓아올까?

이런 황량한 사막까지 올 리가 없어.

절~대로

와와~

무슨 소리지?

모래바람이 거세서 행군조차 불가능한 데다 명군은 식량도 댈 수 없다고.

음, 맞는 말이야.

67

돌격!

빨리 달아나자!

악!

우왕 좌왕

남옥은 몽고군을 사막 깊숙이 내쫓는 혁혁한 공을 세우고 개선했다.

남 장군이 몽고군을 대파했다는 소식에 폐하가 크게 기뻐하셨습니다.

그런데 겨우 태자태부에 봉한 것이오?

내 공로가 태사보다 못하단 말인가?

1393년, 주원장은 남옥이 모반을 일으키려 한다는 밀고가 들어오자 기다렸다는 듯이 그를 처형했다. 여기에 또 만여 명이 연루되자 사람들은 위협을 느끼기 시작했다.

폐하가 갈수록 살인을 좋아하여 곧 우리 차례가 올 텐데 대비책이라도 있습니까?

대비책은 무슨? 반란을 일으켜도 성공할 리 없고.

부우덕이 정말 그리 말했느냐?

확실합니다. 신의 수하가 그의 말을 한 자도 빠지지 않고 들었습니다.

70

모반이란 말을 함부로 꺼내다니, 그가 정말 역심을 품었구나!

아닙니다. 검은 잘 찾습니다.

요~기

너는 왜 검을 제대로 차지 않았느냐?

저요?

어디서 감히 말대꾸냐! 네 이름이 뭐냐?

저는 부양 입니다. 용서 해 주십시오!

질문하셔 놓곤.

바로 부우덕의 아들입니다.

그래?

71

짐이 오늘 부양이란 자를 봤는데 매우 무례하더구나!

제 아들이 일부러 그랬을 리 없습니다.

너는 왜 일어났느냐? 또 누가 입을 놀리라고 했느냐?

주원장이 약을 잘못 먹었나? 완전 미쳤구먼!

성큼 성큼

누가 앉으라고 했느냐? 가서 네 두 아들을 데리고 와라!

참자…

짐에게 불만이 있느냐? 아예 네 아들 놈 목을 가져와라!

푹!

헉!

붉으락 푸르락

그렇다고 정말로 아들의 목을 베어 오다니.

어찌 이리도 잔인하단 말이냐!

흥, 네가 나보다 만 배는 더 잔인하다.

버럭

73

우리 부자의 살길을 끊는 게 네가 바라던 바 아니냐?

아니 저, 저놈이!

틱 틱!

오늘 네 소원대로 해 주마!

주원장은 중국의 개국 황제 중 공신들을 가장 잔혹하게 도살한 황제이다. 거의 모든 개국공신이 그의 칼에 목숨을 잃었고, 오직 탕화만이 미친 척을 해 겨우 천수를 누렸다.

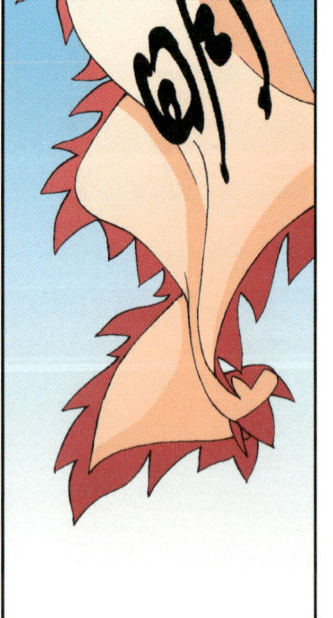

부우덕의 재산을 몰수하고 전 가족을 운남으로 유배 보내라!

주체가 정난의 변으로 황제에 오르다 上

주원장은 아들들을 각지의 번왕으로 분봉하고 태자 주표를 보좌하도록 했다. 그런데 주표가 일찍 죽는 바람에 황위는 황손인 주윤문이 물려받았다. 이로써 군대를 보유한 번왕들은 조정의 골칫거리로 부상했다.

삼촌들의 명성과 경력이 짐보다 월등하고 군사까지 보유하여 짐의 황위가 불안하기만 하오.

걱정 마십시오. 서한 때 번왕들이 칠국의 난을 일으켰지만 한 경제에게 평정되지 않았습니까?

황자징, 삭번*을 주장하는 것입니까?

실력이 약한 번왕부터 하나하나씩 제거해 나가면 됩니다.

* 삭번削藩
지방 제후 등의 세력을 제압해서 중앙권력을 강화함.

75

번왕 중 실력이 가장 강하고 야심이 큰 자는 바로 연왕 주체이니 먼저 그를 제거해야 합니다!

신은 황자징의 의견에 반대합니다!

제태, 그럼 더 좋은 방법이 있단 말이오?

만일 연왕이 삭번령에 불복해 반란을 일으키면 나머지 번왕들이 그를 도울 거란 말이오!

약한 번왕들에게 먼저 손을 썼다간 연왕에게 모반의 빌미는 물론 시간을 벌게 해 준단 말입니다!

먼저 연왕의 날개부터 잘라야 하오!

직접 연왕을 제거해야만 합니다!

옥신각신

……

짐이 막 즉위해 지위가 안정되지 않았으니 약자부터 손을 씁시다.

현명하십니다!

연왕부

어린 황제가 행동이 재빠르군. 주왕, 대왕, 민왕을 폐출하고 상왕마저 스스로 목숨을 끊게 만들다니.

이제 슬슬 불씨를 당겨 볼까?!

폐하의 진짜 목표는 바로 연왕입니다.

나?

요광효, 그대는 지략이 뛰어나니 빨리 좋은 생각을 말해 보시오!

제가 모반을 일으키시라고 일찌감치 권하지 않았습니까?

모반이 애들 장난 이오?

예로부터 모반을 일으켜 성공한 대왕이 하나도 없었소!

이 창고는 지하 깊숙이 있는 데다 위가 양계장이라 소리가 밖으로 새나가지 않습니다.

그렇구려.

하지만 준비도 마치지 않은 상태에서 반란을 일으키면 승산이 적을 텐데.

곰곰

폐하가 사귀와 장신을 북평도 지휘사에 임명하고 송충이 산해관을 지키고 있어서

칼이 이미 연왕의 목을 겨누고 있습니다.

얼른 거사를 서둘러야겠소.

방법이 있다!

무엇입니까?

헤헤, 들으면 깜짝 놀라게 될 것이오.

뭔가 예사롭지 않은데?

연왕 주체가 말한
방법이란……

라라라, 나는
천궁을 어지럽힌
악 대왕이다!

왜
저러시지?

촐 랑~

휴, 그
똑똑하던
연왕이 완전
미쳤구먼.

속 끓이다
병이 나셨나?

폐하가 몇 달 만에
잇달아 번을 폐해
번왕들의 말로가
비참했어. 다음은
연왕 차례라던데.

그런 압박
때문에 미쳐
버렸나 봐.

어라!

주공!

이 소식은 즉각 주윤문의 귀로 들어갔다.

지금 연왕이 미친 게 아무래도 수상해.

폐하, 그럼……

장병과 사귀는 연왕에게 매수될 리 없으니 그들을 보내 진위를 알아보십시오.

좋다. 그렇게 하도록 해라.

두 분 대인은 무슨 용무로 오셨습니까?

82

연왕의 병문안을 왔소.

주공이 실성해 사람을 못 알아봐 접견이 어렵습니다.

그럼 기왕 오신 김에 안으로 드십시오.

폐하께서 연왕이 걱정돼 선물을 보내셨으니 얼굴만 보고 가리다.

그건……

추워서 얼어 죽을 것 같아.

콜록

콜록

헉!

이렇게 더운 날 연왕은 이불까지 뒤집어쓰고도 춥다고 벌벌 떨다니!

연왕은 정말 미쳤구려. 이렇게 미친 척하기란 불가능하오.

우리가 본 대로 폐하께 아룁시다.

덜덜……

다 갔냐? 더워 미치겠네.

잘됐구나. 연왕이 미친 게 맞구려!

기뻐하 기에는 아직 이릅니다.

연왕 측근의 정보원에 따르면 연왕이 미친 척하는 것이랍니다.

사실 그는 몰래 군사를 모집하고 무기를 제조하고 있답니다!

정보가 제때 당도했구려.

아무리 주위를 단속해도 가장 가까운 사람이 문제가 있는 법이지.

제태, 병부상서인 그대는 무슨 대책이 있소?

장병, 사귀에게 연왕과 그 친족을 잘 감시하다가 기회가 왔을 때 행동을 취하라고 하십시오.

또 북평도 지휘사 장신에게 즉각 출병해 주체를 체포하라 명하십시오!

좋소. 그리 명을 내리리라.

장신의 집

신아, 무슨 일로 온종일 얼굴에 수심이 가득하느냐?

85

뭐?

폐하가 연왕 체포령을 내려서요.

어찌하기로 결정했느냐?

고민입니다. 당연히 폐하의 명을 따라야 하는데 연왕에게 입은 은혜가 많아서요.

절대 연왕과 척을 지지 마라. 연왕은 앞으로 천하를 차지할 인물이라고 들었다.

알겠느냐?

연왕은 무너질 리 없다. 더욱이 네 상대는 아니다!

어머니, 그래도 아들 인데…

어머니의 가르침에 감사합니다. 연왕에게 가서 이 사실을 알려야 겠습니다.

끄덕 끄덕

주체가 정난의 변으로 황제에 오르다 下

탁

연왕!

힝……

주공이 병에 걸려 손님을 만날 수 없다고 하지 않았습니까!

정말, 미쳤나?

긴히 아뢸 말씀이 있으니 연기는 그만 하십시오!

여기 앉아서 기다리리다!

그건……

그냥 포기하고 가지. 내가 쉬워 보이냐!

히……

끝까지 이러기요? 연왕이 미치지 않았다는 걸 폐하도 이미 알고 있소이다!

캬……

88

보십쇼. 여기 연왕을 체포하라는 성지가 있습니다!

장 대인, 이렇게 알려줘서 고맙소. 그대가 우리 가족의 목숨을 살렸구려.

얼른 일어 나십시오. 이러시면 제가 불편합니다.

요광효, 이리 나오시게!

조정에서 또 사람을 보낼 것입니다.

음……

당장 군마를 소집해라. 앉은 채로 사로잡히지는 않을 테다!

꽈 악

장병과 사귀가 왕부를 포위했습니다!

허, 이리 빨리 올 줄이야?

사병들도 다 모이지 않았고 왕부의 군사는 부족하니……

폐하는 분명 삼촌을 죽였다는 오명을 쓰기 싫어 먼저 연왕의 부하를 죽이려는 것이다.

일단 날개가 꺾이면 연왕도 속수무책일 테니까.

장병 등에게 폐하의 성지가 있었소?

네. 연왕의 신하들을 체포하라는 조서를 봤습니다.

잠깐!
이 성지에는
문제가 있다.

문제요?

그들에게는 내가
아니라 내 부하를
체포하라는 성지
가 있을 뿐이다.

장병, 사귀에게
가서 부하들을
체포했으니 안으로
들라고 해라.

예, 대왕!

연왕의
병세가 좋아
졌습니다.

모두 두
분이 걱정해
준 덕이오.

한데, 폐하가 이미 내 꾀병을 알고 있었다던데.

그건……

흭!

왜 그런 말씀을 안 해 주셨지?

애길 안 한 걸 보니 그대들은 기르는 개보다 못한 것 같구려!

우린 명을 받들어 행할 뿐이오.

여봐라!

흭!

저들을 끌고 가 목을 베어라!

목숨만 살려 주십 시오!

이제 폐하와 완전히 돌아 섰군요.

그럼 이 상황에 어쩔 수가 있나!

폐하가 먼저 내게 불의한 행동을 해 이 지경에 이른 것이오!

군대를 내리려면 명분이 있어야 하는데 연왕께선 무슨 구실이 있습니까?

간단한 문제는 아니지만 대대로 '청군측'이란 깃발이 가장 보편적 아니었소?

폐하 곁의 황자징, 제태 두 간신을 제거한다는 명분으로 군사를 일으 킵시다.

헤헤, 점점 제왕의 풍모가 느껴집니다.

1399년, 주체는 정식으로 기병해 반란을 일으켰다. 이것이 바로 '정난의 변'이다. 주체는 재빨리 북평 및 주위 지역을 평정하고 대녕을 지키는 영왕 주권을 자기편으로 끌어들이려 했다.

형님, 이번 반란에 제가 연루될까 걱정입니다.

아우, 우리는 형제인데 성에 들어가지도 못하는가?

……

군대를 모두 성 밖에 주둔시키고 나 혼자 들어가면 안심하겠나?

좋습니다.

내가 모반을 일으킨 건 핍박을 받아서네.

핍박이요?

폐하가 내 봉지를 빼앗고 목숨까지 빼앗으려 해 미친 척까지 했다.

엉엉

나도 어쩔 수 없었으니 아우가 폐하에게 얘기 좀 잘해 주게.

폐하가 사면해 주면 즉각 군대를 거둔다는 말씀인가요?

음, 폐하가 분명 지나쳤군요. 그렇다고 반란을 일으키면……

원래 그런 생각이 셨군요. 걱정 마시고 이 일은 제게 맡겨 주십시오.

휴, 다행이다

나 혼자 성 안에 있으면 불편하니 일부 부하를 안으로 들여도 되겠나?

음……

일부 관리들일세. 사병도 아니고 무기도 가지지 않았네.

좋습니다.

95

밖에서 대기하던 요광효는
즉각 행동에 들어갔다.

성에 들어가면
먼저 영왕의 측근을
매수해라. 그들은
돈이면 사족을
못 쓴다.

염려
마십시오!

영왕이 계략에
걸렸다. 칼은 가지고
들어가지 않지만 더
무서운 무기인 돈을
가지고 가라.

아우, 그동안
신세 많았네.
이제 그만 가
보겠네.

형님이 빨리
폐하와 화해할 수
있도록 제가 노력
하겠습니다.

고맙네.
아우, 배웅
좀 해 주게.

96

아우, 정말 나와 함께 난을 일으키지 않겠나?

화들짝

네?

필요한 것이 있으면 뭐든 말씀하십시오. 하지만 난은 받아들일 수 없습니다.

나는 네가 꼭 필요하다. 네 군사와 다른 모든 것들까지. 그러니 나와 함께 가자.

형님, 왜 이러십니까?

이곳은 제 땅입니다. 경거망동하지 마십시오.

물론이지. 그래서 날 따라 밖으로 좀 가줘야겠는데.

영왕을 잡아라!

헉!

호위무사는 뭣들 하느냐?

딴 청

감히 내 명을 거역하는 것이냐?

저들은 이미 내게 매수되었으니 얌전히 날 따라가자.

천하를 차지하면 네게 절반을 떼어 주겠다.

......

휴, 형님은 정말 권모술수의 고수라 폐하가 당해 내지 못할 겁니다.

헤헤…

이렇게 해서 영왕 주권은 주체의 협박으로 함께 반란을 일으켰다.

1401년, 연왕은 명의 수도 응천을 함락하고, 건문제는 행방이 묘연해졌다. 주체는 황제에 즉위해 명 성조가 되었고 주권도 남창에 봉지를 얻었다.

정화가 일곱 차례 서양을 항해하다

주체는 즉위 후 국위를 선양하고 해외로 도망 갔다고 알려진 건문제의 행방을 찾기 위해 환관 정화에게 방대한 선단을 이끌고 서양(지금의 인도양 서쪽 지역)을 항해하도록 했다.

정 대인, 앞쪽이 바로 자바 섬입니다.

출항한 지 한 달이 지났는데 여정이 순조롭구려.

서쪽 자바 섬까지 왔으니 서양에 도착한 것입니다.

자바 섬에 배를 대고 음료수와 생필품을 보충하시오.

자바 섬

큰일 났습니다. 선원 백여 명이 토착민에게 살해되었습니다!

세상에!

무슨 일인지 소상히 말해 봐라!

그게……

뭐? 감히 명나라인을 죽이다니?

대인, 빨리 서왕 놈을 죽이도록 명을 내려 주십시오!

이곳은 동왕과 서왕이 전쟁 중인데 우리 선원이 거리를 지나가다가 서왕 일당에게 당한 것입니다!

100

중간에 오해가 있었을지도 모른다. 일단 내가 서왕을 만나 자초지종을 들어 보겠다.

우리 군사가 2만인데 싸움에 패할까 염려 되십니까?

죽은 형제의 복수를 하지 않는 다면 명의 체면이 서지 않습니다!

복수를 명해 주십 시오!

대인!

다들 잊지 마라. 우리의 사명은 서양 각국과 우호를 맺기 위함이지 전쟁을 하려는 것이 아니다!

우리 실력으로 서왕을 무찌르는 건 식은 죽 먹기 아니냐.

오, 카리스마

101

서왕을 공격한 일이 알려지면 모두 우리의 의도를 의심하게 된다.

그럼 우리의 사명을 달성할 수 없다!

다들 나를 믿고 이 일을 현명하게 처리하자!

서왕이 사신을 보내 왔습니다.

용서해 주십시오. 저희가 귀국 선원을 동왕의 구원병으로 오해하고 그만…

덜덜

덜덜

명나라 사람을 백여 명이나 죽여 놓고 오해라고 하면 그만이냐?

헉!

적절한 조치를 취했으니 잠시 시비를 가리지 않고 폐하의 처분을 기다리겠다!

감사합니다, 대인!

넙죽

서왕이 이미 배상을 위해 귀국 황제에게 사신을 보냈습니다.

폐하께서 서왕에게 배상으로 황금 6만 냥을 요구했구려.

네엣?

이 작은 섬에서
아무리 땅을 판들
황금 6만 냥이
나오겠습니까?

폐하의
의도는 황금이
아니라 그들의
성의요.

첨벙

아,
그럼요.

서왕,
귀국의 잘못을
인정하오?

알다마다요.
다만 이 땅이
궁벽해 황금 만
냥밖에 마련하지
못했습니다.

황금이 아니라
명의 선원을
죽인 일
말이오!

그러문입쇼.
다음에 귀국
사람을 만나면
귀빈으로 모시
겠습니다.

죄를 알았으니
됐소. 명은 물자가
풍부한데 이깟
금이 모자랄 리
있겠소?

가져가시오.
그리고 약속한
말은 꼭 지키
시오.

가…가져
가라굽쇼?!

대인은 정말 인
자하시군요. 매년
귀국에 공물을
바치겠습니다.

오!

이번 항해에 많은 나라들이 사신을 보내 동행하고 돌아갈 때 폐하께 조공을 바친다고 합니다.

음......

대인은 왜 계속 서쪽만 보십니까? 무슨 고민이라도 있습니까?

메카가 서쪽에 있어서 그곳이 어떠할지 생각하고 있었소.

메카요?

난 회교도요. 위대한 선지자 무하마드가 메카에서 회교를 창립했지.

회교도들은 평생 성지인 메카에 가 보는 것이 가장 행복한 일이오.

아, 메카♥

어쩐지 대인이 이번 항해에 열정을 보인 이유가 있었군요.

그래도 폐하께서 내리신 사명이 무엇보다 우선이오.

고리국

항해 수개월 만에 고리국에 도착했습니다. 대왕은 이미 여러 차례 명에 사신을 보내 조공을 바쳤더군요.

환영합니다. 존귀한 명의 사신이여!

감사 합니다, 대왕!

전 중화 문명을 흠모해 명의 신하가 되길 원했습니다.

우리 황제 께서 대왕에게 조서와 인장을 내렸습니다.

오, 감사 합니다!

우리 고리국은 귀국의 중간 역이 되길 원합니다. 고리에서 서쪽 바다로 나가면 또 다른 지역에 다다를 수 있습니다.

이제 귀국 길에 오르시려고요? 메카에는 가지 않으십니까?

항해한 지 1년이 넘어 다들 고향 생각이 가득하고 폐하도 우릴 손꼽아 기다리실 것이오.

내 꿈 때문에 다른 사람에게 피해를 줄 순 없소.

그리고 이번 항해가 마지막일 리 없다는 생각이 드오.

다음에는 메카에 꼭 가 봐야겠소.

진조의라는 자가 해적 5천 명을 모집해 우리 선단으로 몰려오고 있습니다.

해적이 감히 우릴 건드리다니. 가소롭구려.

각 배에 명해 응전 태세를 갖추라고 하시오!

예, 대인!

109

적이 우리의 투항을 곧이곧대로 믿고 아무런 방비도 없습니다.

옳지, 전속력으로 전진하라!

저 배들을 털면 평생 먹고 살 걱정은 없다.

콰쾅

매복에 걸렸다!

아이고!

쾅

쾅

정화의 함대는 무사히 중국으로 돌아왔고 수십 개국에서 보낸 조공과 사신도 함께 오면서 명은 서양 각국에 대해 우월한 위치를 차지했다. 이후 정화는 대규모 선단을 이끌고 일곱 차례나 서양을 항해했다.

주체의 북경 천도

주체는 연왕으로 있을 때 북평(北平, 지금의 북경)에서 20년을 거주했다. 황제가 된 후 명의 수도인 응천에 머물렀지만 항상 수도를 자신의 근거지인 북평으로 옮기고 싶어 했다.

폐하, 왜 젓가락을 들지 않으십니까? 입맛이 없으십니까?

휴……

그럼 북방 요리사에게 다시 음식을 내오도록 하겠습니다.

환경이 다르니 만드는 요리도 맛이 완전히 다르다.

맛있는 닭버섯찜이 먹고 싶구나!

달고 느끼한 남방 요리를 보면 식욕이 떨어진다.

에휴―

폐하, 큰일
났습니다!

저,
저놈이!

페하께서 지금
식사 중인데 어디
함부로 큰소리
를 내느냐!

급히 아뢸
소식이 있어서
어쩔 수 없었
습니다.

말해라.

달단몽고가
요동을 침범해
크게 약탈하고
돌아갔습니다!

뭐?

변경 수장은
뭐하는 놈들이냐?
몽고가 멋대로 국경
을 침범하도록
놔두고!

112

그게
……

태조께서 살아계
실 때 북방 변경을
두 사람에게 지키
게 했습니다.

그두
사람이
누구요?

왜 갑자기
모두 꿀 먹은
벙어리가
됐소!

어?!

……

가만‥

아차, 바로
짐과 영왕 주권
이었구려!

헉─

또 너무 강하면 제2의 정난의 변이 일어날까 걱정이란 말이야.

변경 수비군이 약하면 몽고군을 당해 내지 못하고

아무리 생각해도 한 가지 방법밖에 없다.

무엇입니까?

북평으로 천도해 직접 변방 방어를 맡는 것이다!

이참에!

그럼 두 가지 문제를 다 해결할 수 있겠군요.

하지만 대신들 대개가 남방 사람이라 북방으로 가길 원치 않아서…

형세가 어쩔 수 없다. 명이 남송의 액운을 피하려면 강남에 처박혀선 안 된다!

핑계가 그럴 듯 하네.

결국 조정에서는 북평 천도 문제로 갑론을박이 벌어졌다.

북평은 여러 해 치른 전쟁으로 거리와 궁전 모두 새로 정비해야 하니 다시 생각해 주십시오!

그렇지!

신은 북평 천도에 반대합니다!

응천은 태조께서 정한 도읍이라 선조의 제도를 어겨서는 안 됩니다!

천도하려면 후비, 종실, 대신 및 많은 병사와 백성이 옮겨가야 하는데 북평은 이 많은 인원을 수용하기 어렵습니다.

심사숙고해 주십시오!

……

115

그대들이 말한 건 짐도 다 생각해 보았소.

짐은 북평을 중건해 천하에 둘도 없는 대도시로 만들 생각이오!

한 가지 더 깜빡하셨습니다. 북평 일대는 식량 생산지가 아니어서 이 많은 사람을 절대 먹일 수 없습니다.

그럼 남방에서 식량을 운반하면 되지 않소?

불가합니다.

― 팽 팽 ―

육운은 백성에게 해를 끼치고 해운은 위험성이 크며 대운하는 이미 다 막혀 버렸습니다.

나 참!

그럼 대운하를 뚫으면 되지. 짐이 하는 일을 더는 막지 마시오!

116

주체는 대신들의 반대를 무릅쓰고 북평을 중건하도록 명했다. 그리고 얼마 후 몽고 토벌에 나서는 길에 북평을 방문했다.

뚝딱

뚝딱

다들 수고가 많다!

폐하잖아.

앗!

폐하!

넙죽

넙죽

117

예를 갖출 필요 없다. 열심히 일해서 북평을 천하에서 가장 아름다운 도시로 만들어 다오!

예, 폐하!

응천에서 북평까지 특별히 건설 상황을 시찰하러 나오셨습니까?

당연히 아니다.

몽고를 따끔하게 혼내 주러 온 김에 들른 것이다.

앞쪽에서 몽고군 몇 명을 포로로 잡았습니다.

그들 말로는, 마합목이 백리 밖 홀란홀실온에 주둔하고 있는데 방비가 전혀 없다고 합니다.

이때 몽고군은 홀란홀실온에 매복하고 명의 군대가 오기만을 기다리고 있었다.

칸, 적이 매복 안으로 들어왔 습니다!

다들 준비하고

돌격하라!

다다다

120

와—

어떻게 된 일이지?

적이 너무 강합니다.

일단 도망쳐야겠다!

주체가 몽고를 격파한 후 잠시 북방의 근심거리가 사라졌다.

1421년, 명은 북평으로 천도한 후 이름을 북경으로 바꾸었고, 응천도 남경으로 개명되었다.

122

明 中

◦ 토목보의 변으로 영종이 포로가 되다

◦ 우겸이 북경성을 지켜내다 上

◦ 우겸이 북경성을 지켜내다 下

◦ 억울하게 부정행위자로 몰린 당백호

◦ 양일청이 환관 유근을 제거하다

◦ 심학을 주장한 왕수인

◦ 미친 척해 위기를 모면한 당백호

◦ 왕수인이 영왕의 반란을 평정하다

◦ 황당무계한 황제, 주후조

心中
明

인물소개

주기진朱祁鎭

명 영종英宗. 선종宣宗의 장자이다. 왕진을 매우 신임하여 그의 말이라면 곧이곧대로 믿었다.

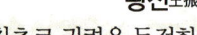

왕진王振

명 최초로 권력을 독점한 환관. 영종의 총애를 받아 결당하여 사리사욕을 꾀하고 조정 일에 간여하여 환관이 나라를 망치게 된 사건의 서막을 열었다.

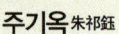

주기옥朱祁鈺

명 대종代宗. 영종의 동생으로 영종이 와랄 부족에 잡혀가자 제위에 올랐다.

우겸于謙

명의 명신이자 민족 영웅. 몽고의 와랄 부족이 일으킨 토목보土木堡의 변으로 영종이 포로로 잡히자 남방으로 천도하자는 의견을 물리치고 북경을 굳게 지켜냈다.

당인唐寅

자는 백호伯虎. 재능이 뛰어나고 높은 이상을 지닌 천재 화가이다. 기구한 인생을 살았는데 처음에는 과거의 부정 시험에 연루되었으며, 후에는 영왕寧王의 반란 사건을 알아채고 미친 척하여 몸을 빼냈다.

유근 劉瑾

명의 권력을 독점한
환관 중 한 명. 남의 안색을
잘 살피고 임기응변에 능해
무종의 깊은 신임을 받았다.

왕수인 王守仁

호는 양명자陽明子로 왕양명王陽明으
로도 불린다. 명의 유명한 사상가이자
문학가, 군사가로 유·불·도에 모두
정통했을 뿐 아니라 군사를 통솔하는
데도 능했다. 문무를 두루 갖춘
보기 드문 유학자이다.

이동양 李東陽

명 중·후기의 주요 관원으로
다릉시파茶陵詩派의 핵심 인물이다.
시인이자 서예가, 정치가이다.

주신호 朱宸濠

명의 번왕으로 영왕寧王을 세습했다.
1519년에 무종이 황음무도하다는
이유를 들어 반란을 일으키고
제위를 빼앗으려 했다.

주후조 朱厚照

명 무종武宗. 명의 10대 황제로 연호는 정덕正德이다.
역사상 의론이 분분한 황제이기도 하다. 통상적으
로 황음무도하고 부끄러움을 모르는 암군으로
알려져 있으나 최근 개성과 자유, 평등을 추구한
인물이라는 의견이 나타나기 시작했다.

토목보의 변으로 영종이 포로가 되다

명 성조 주체가 세상을 떠나고 뒤를 이은 인종仁宗, 선종宣宗은 나라를 잘 다스려 경제가 발전하고 사회가 안정되었다. 그런데 선종 사후 즉위한 그의 아들 영종 주기진은 환관 왕진을 크게 신뢰하여 그의 말이라면 뭐든지 들었다.

일이 있으면 아랫사람을 보내지 왜 직접 나오셨습니까?

에 헴!

몽고 와랄 부족이 진상한 말이 모두 달리지도 못하는 늙은 말이다.

와랄 수령이 그런 말을 예물로 보내고 공주에게 장가 들려고?

꿈도 크셔!

폐하의 명의로 그에게 이번 혼사는 없던 일로 하자고 말해라!

예!

와랄 부족

명 황제가 너무 무례하구나!

우쒸ー

내 따끔한 맛을 보여 주고 말리라.

그가 공주와의 혼사를 취소하고 욕을 한바탕 써서 보냈다!

명나라 황궁

왕진, 와랄군이 곧 대동을 공격한다는데 어쩌면 좋겠소?

그까짓 와랄 놈들이 어찌 강대한 우리의 적수가 되겠습니까?

하지만 아군이 전쟁에서 패했다는 소식을 들었소.

그건 한동안 전쟁이 없어 병사들의 몸이 풀리지 않았기 때문입니다.

폐하께서 친정에 나서면 장병들의 사기가 올라 와랄군을 본거지로 쫓아 낼 수 있습니다.

만일 패하기라도 하면 체면이 말이 아닌데.

왕소심

와랄군쯤이야 뭐가 대수겠습니까?

131

와랄군은 기껏해야 2만인데 우리는 50만 대군입니다.

발만 슬쩍 밟아도 묵사발을 만들 수 있습니다.

걱정 마십쇼~

일을 지체해선 안 되니 병사 모집을 서둘러 주시오.

염려 마십시오. 닷새 후 군대를 폐하 앞에 대령하겠습니다!

왕진은 50만이란 군사를 모으기 위해 전쟁과 무관한 문신, 귀족까지 닥치는 대로 징용했다.

억울합니다!

거참, 되게 징징거리네.

질질질~

옥에 가두는 것도 아닌데 왜 이러느냐?

그럼 왜 잡아 가십니까?

입대하는 것이다.

닷새 안에 50만 대군을 모집하라는 폐하의 명이다.

남자라면 모두 군대에 가야 한다!

커엉

차라리 감옥에 가는 게 낫겠어.

닭 한 마리 못 잡는 서생이 무슨 전쟁입니까?

영종은 이렇게 모집한 50만 대군을 이끌고 와랄군을 몰아내려 출격했다. 그런데……

왕진!

애고, 깜짝이야!

으앙~

133

곽경, 양하구 감군이 여긴 어쩐 일이냐?

며칠 전 와랄군과 전투를 치렀는데 전군이 몰살되고 저는 숲에 몸을 숨겼다가 겨우 빠져 나왔습니다!

뭐라고?

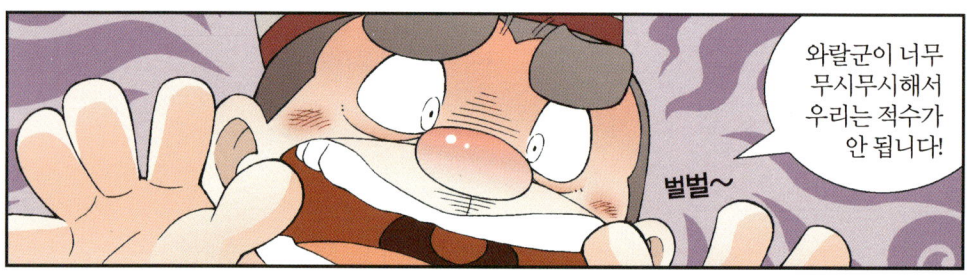

와랄군이 너무 무시무시해서 우리는 적수가 안 됩니다!

벌벌~

곽경은 내가 선발한 자라 허풍이 아닐 것이다. 와랄군이 정말 대단한가 본데……

폐하께 군대를 돌리라고 해야겠다.

영종은 왕진의 보고를 받고 겁에 질려 즉시 퇴각 명령을 내렸다.

거용관에서 바로 도성으로 들어가면 되는데 왜 멀리 자형관으로 돌아 가는 거야?

아, 그건…

그 길에 왕진의 고향 울현이 있어서 그래. 금의환향 하려는 게 틀림없어.

흥, 내시 주제에 금의 환향은?

내시도 사람이야. 그의 권력이 얼마나 대단한지 알잖나?

크크……

군사들이 농작물을 죄 밟고 지나가잖아.

이들이 우리 집 농작물까지 밟아서 엉망으로 만들면 큰일이다.

대군은 방향을 돌려 거용관을 통해 도성으로 들어가자!

예!

엉뚱한 곳에서 시간을 지체한 명군은 도중에 야선이 거느린 와랄군을 만나 참패하고 황급히 토목보土木堡로 달아났다. 도망가던 도중에 잃어버린 재물 실은 수레를 찾기 위해 전군은 토목보에 머물게 되었다.

야선이 사람을 보내 화친을 청했습니다.

잘됐구나!

우리도 즉각 이에 동의 한다고 전해라!

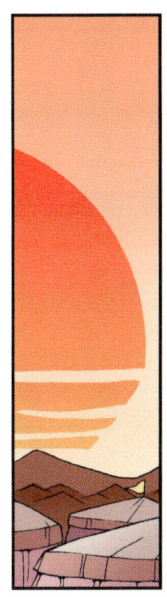

이는 야선의 계략이니 절대 속아서는 안 됩니다!

나라의 사직을 위한 일이라면 죽음이 무에 두렵겠소?

광야, 너 같은 서생이 뭘 아느냐!

다시 떠들면 목을 베어 버리겠다!

내 눈에 안 띄게 빨리 꺼져라!

흥!

야선과 화친 하면 쌍방이 싸울 일은 없어.

재물들도 다 찾았겠다, 즉각 도성으로 돌아가자.

순조롭군-

다다다

어딜 달아 나느냐?

돌격하라!

앗, 야선이다!

와ー

전의를 상실한 명군은 와랄군의 기습에 속수무책으로 당하고 말았다.

139

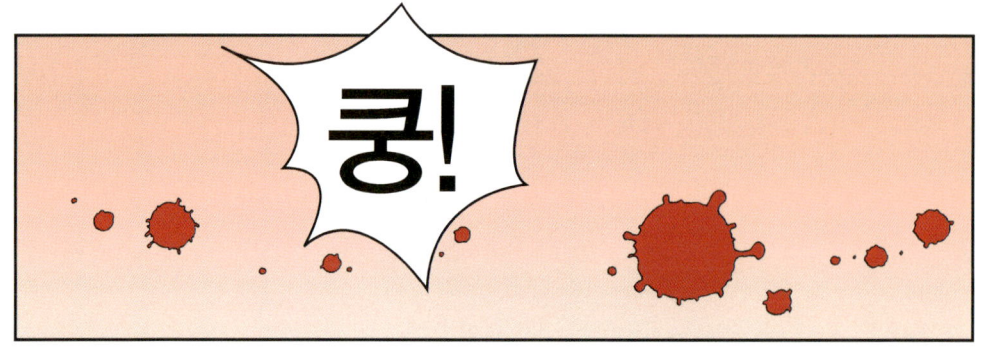

내가 하늘을 대신해 이 간신 놈을 죽였다!

으아악!

왕진이 너무 늦게 죽은 게 한스러울 따름이다!

결국 이 전투에서 50만 대군이 전멸하고 영종은 와랄군에게 포로로 잡히고 말았다. 역사에서는 이 사건을 '토목보의 변'이라 부른다.

우겸이 북경성을
지켜내다 上

영종이 포로로 잡히자 손태후는 영종의 두 살 난 아들 주견심朱見深을 태자에 앉히고 영종의 동생인 성왕 주기옥에게 보좌를 맡겼다. 주기옥은 즉각 백관들을 소집해 회의를 열고 대책을 논의했다.

성왕, 왕진의 일가족을 모두 죽여 일벌백계로 다스려야 합니다!

왕진 일가를 죽이십시오!

내 곰곰이 생각해 보고 내일 답을 해 주겠소.

안 됩니다. 오늘 안으로 답을 들어야 겠습니다!

명을 내리지 않으면 이 문을 나가실 수 없습니다!

무엄하다. 감히 대왕의 길을 막다니!

으악!

마순, 내일 왕진 일가의 재산을 몰수해라.

아, 피곤해.

예, 대왕!

마순은 왕진의 앞잡이라 이 임무를 맡길 수 없습니다.

어사 진일로 책임자를 바꿔 주십시오!

바꿔 주십시오!

아우성

142

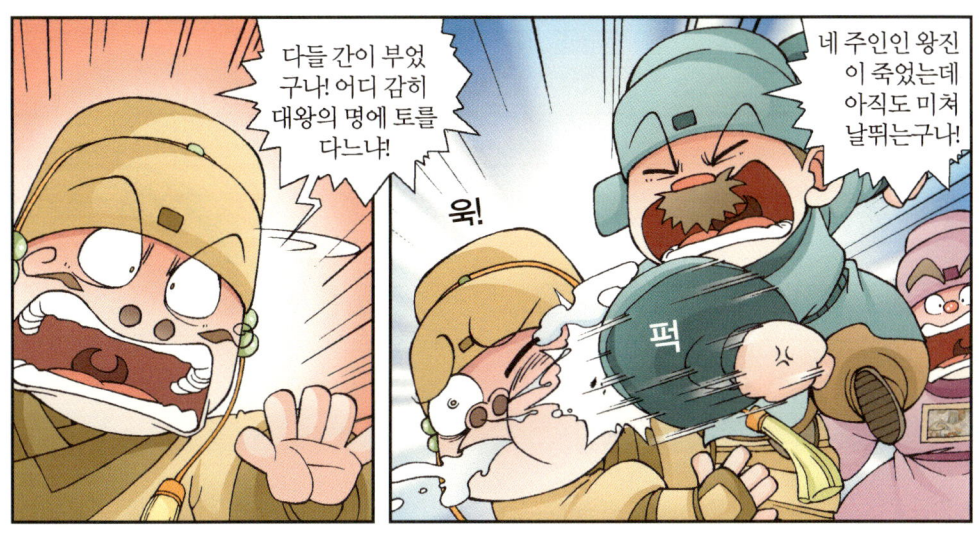

다들 간이 부었구나! 어디 감히 대왕의 명에 토를 다느냐!

네 주인인 왕진이 죽었는데 아직도 미쳐 날뛰는구나!

욱!

퍽

왕립우 대인, 아주 잘하셨소!

마순 이 앞잡이야, 죽어라!

우히히

뭐하는 짓들이오?

이 나쁜 놈을 혼내 줍시다!

그럽시다!

내가 어찌해야 하느냐?

너무 불안해 하지 마십시오. 대신들의 쌓였던 분노가 폭발한 것뿐입니다.

우겸, 이제 짐이 어찌 해야 하오?

마순은 벌을 받아 마땅한 자입니다. 오늘 일은 불문에 붙이겠다고 입장을 밝히십시오.

대신들이 무슨 건달 이냐고…

달~♥

또 왕진의 가산을 몰수하지 않으면 백성의 분노를 잠재울 수 없으니 절대 사정을 봐주지 마십시오.

알겠소!

어머니, 오늘 우겸의 도움을 받아 겨우 사태의 악화를 막았습니다.

병부상서 광야가 전사했으니 우겸에게 이를 대리하도록 해라.

손태후

우겸이 중임을 저버리지 않고 명을 다시 일으키길 바라야지요.

144

한편 와랄군은 영종을 사로잡은 기세를 몰아 곧장 북경까지 진격했다.

사태가 급박하오. 와랄군을 어찌 대처하는 게 좋겠소?

어쩐긴. 도망 가야지.

도망? 전쟁?!

신이 별자리를 보니 남방으로 천도해야만 이 재난을 면할 수 있습니다.

서정, 그건 겁쟁이나 펴는 논리요!

우겸, 감히 날 욕했소?

남방 천도를 건의하는 자는 사형에 처한다고 명을 내리십시오!

우 대인의 말이 옳습니다. 신들은 싸우다 죽을지언정 구차하게 도망가지 않겠습니다!

도성을 꼭 지키겠습니다!

어쩔 수 없는 상황이 아니라면 천도는 없소!

우겸, 그대가 병부상서를 맡아 북경 방어를 책임지시오!

신, 중임을 저버리지 않겠습니다!

도성의 주력군을 왕진이 다 끌고 가서 지금 성 안에는 병력이 없습니다.

왕진 하나 때문에 나라가 이 지경이 되다니.

146

도성에 예비 군은 얼마나 되느냐?

매우 적습니다. 게다가 전투력도 강하지 않아 전혀 와랄군의 상대가 못 됩니다.

그럼 각지의 군대를 도성으로 부르도록 해라!

그것도 마찬가지로 왕진이 다 차출하는 통에 얼마 되지 않습니다.

애고-

힘든 상황이지만 일치단결한다면 적을 반드시 무찌를 수 있다!

할 수 있어!

그럼 예비 병력이라도 도성으로 불러라!

예, 대인!

손태후의 처소

다 같이 무슨 일이오?

태후마마, 나라에는 하루라도 군주가 없어서는 안 됩니다!

대신들의 뜻은……

성왕을 황제로 옹립하십시오!

지금 황제도 내 아들이 아니어서 누굴 세우나 달라질 건 없어.

성왕도 선왕의 아들이니 황제가 될 자격이 있소. 난 찬성이오.

현명하십니다!

148

1449년, 대종 주기옥이 즉위하여 연호를 경태景泰로 고치고 영종을 태상황으로 삼았다. 이때 와랄 수령 야선은 아직 이 소식을 듣지 못했다.

만일 그들이 새 황제를 세우면 우리 계획은 물거품이 된다.

명 황제가 우리 수중에 있으니 그를 끼고 성문을 열도록 협박할까요?

그렇더라도 주기진은 태상황인데 그의 명령을 감히 거역하겠습니까?

그럴듯하구나!

선부가 북경과 가까우니 그곳으로 곧장 들어가 일거에 북경을 함락하자.

곧 명이 내 차지가 되겠어. 크크

와랄군은 황제 주기진을 데리고 선부성 앞까지 당도했다.

특별히 너희 황제를 풀어 주겠다. 어서 성문을 열어라!

빨리 열어 줘라…

헛소리 마라! 우리 황제는 궁 안에 잘 계신다!

자세히 봐라. 여기 분명 주기진이 있지 않느냐?

빨리 성문을 열라고 명해라!

말했는데. 잉~

알겠소.

수문장 양홍에게 내가 볼일이 있다고 전해라!

덜 덜

태상황께서 장군을 뵙자는데 어떡하죠?

태상황을 뵈면 명을 거역하기 어렵다. 그렇다면……

어?!

태상황께 내가 성 안에 없다고 말씀 드려라.

예, 장군!

151

양 장군은 안 계십니다!

내가 분명 양홍이 성루에 서 있는 걸 봤는데.

뭐라고?

황제라면서 환영도 못 받는 구려.

으……

선부는 지세가 험준한 데다 수문장 양홍이 교활하여 이기기 쉽지 않겠어.

이에 야선은 군대를 돌려 북경으로 들어가는 또 다른 관문인 자형관을 공격했다. 얼마 지나지 않아 자형관이 함락되고 와랄군은 북경성 아래까지 쳐들어갔다.

우겸이 북경성을 지켜내다 下

와랄군이 자형관을 함락했다는 소식을 듣고 우겸은 장수들을 소집해 대책을 논의했다.

경성 외성의 9개 성문마다 정예병을 배치하시오.

적군의 실력이 우리보다 월등하니 나가 싸워서는 안 됩니다.

성을 굳게 지키면 저들은 자연히 물러갈 것입니다.

석형, 네 말은 틀렸다. 우리가 싸우지 않으면 저들의 사기를 높여 줄 뿐이다.

하지만……

대군을 즉각 9개 성문 밖으로 보내 적을 맞이해라!

패배하는 수문장은 목을 베겠다!

도근은 안정문을 책임지고 유안은 동직문을 맡아라……

사병을 돌보지 않고 앞장서서 도망가는 장수는 대장이 죽여라!

지휘관의 말을 듣지 않고 도망가는 병사는 바로 목을 베어라!

우리에겐 퇴로가 없다. 오직 승리만이 살길이다!

와—

성 안의 군사들은 다 노약자나 부상병이다. 한바탕 놀아 보자!

돌격! 죽은 형제들을 위해 복수하자!

와—

지금까지 우리가 상대 했던 명군이 아니다!

빨리 철수하라!

커억!

무른 감이 어떻게 갑자기 호랑이로 변한단 말이냐?

제 말은 모두 사실입니다.

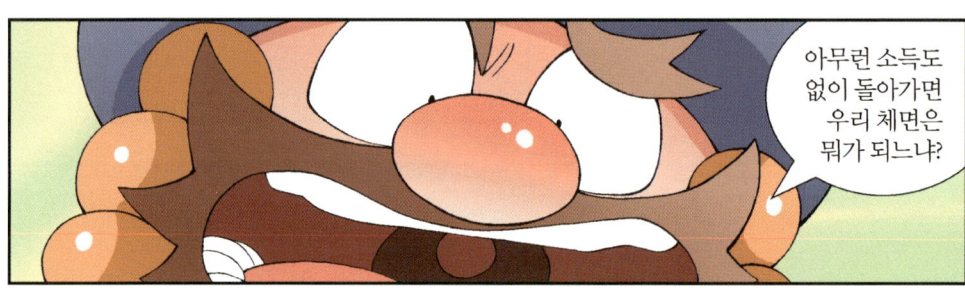

아무런 소득도 없이 돌아가면 우리 체면은 뭐가 되느냐?

북경 방어를 책임진 대신을 속여서 성을 나오게 하면 승리는 우리 것입니다.

좋은 생각이다!

명 황제에게 화친 요청 편지를 써서 북경 방어를 책임진 대신에게 주기진을 맞이하라고 하면 된다.

북경성

야선이 나를 성 밖으로 유인한 다음 성을 공격할 생각이군.

야선이 우 대인에게 성을 나와 태상황을 영접하라고 합니다.

그래?!

그에게 나는 아군 사무 외에 일절 다른 일은 간여하지 않는다고 전해라.

예!

德勝門

우겸이 감히 나를 속이다니! 네 이놈을 갈기갈기 찢어 죽일 테다!

놈들을
모조리
죽여라!

그런데 갑자기 명군이 꽁무
니를 빼기 시작했다.

철수
하라!

후다닥

빨리
쫓아라!

158

와─

좌우 양쪽에서 명군이 쳐들어 옵니다!

이런, 매복에 걸렸다!

와─

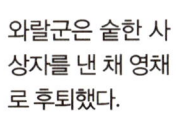

와랄군은 숱한 사상자를 낸 채 영채로 후퇴했다.

또 패하다니! 고개를 들 수가 없구나!

에잇!

내일 계속 싸울 생각이십니까?

물론이다. 안정문 수장 도근은 경험이 일천해 방어가 약하니 그쪽부터 공략한다!

안정문

도근, 성 안에 숨어 있지 말고 나와서 일전을 벌이자!

도 장군, 제가 결사대를 이끌고 나가 와랄군을 쫓아 버리겠습니다!

석표, 실력을 보여 줘라!

야선, 오늘이 네 제삿날이다!

와—

와―

가족의 안전을
지키려면 반드시
와랄군을 무찔
러야 한다!

석표, 내가
도우러 왔다!

삼촌,
마침 잘 오셨
습니다.

수령님,
석형까지 응원
을 나왔습니다.

안 되겠다.
일단 이곳에서
철수하자!

주력부대가
안정문으로
왔다면 서직문은
지키는 사람이
없을 것이다.

서직문

손당, 얌전히
성문을 열고
투항하라!

흥!

돌격!

와ー

하지만 손당의 군대는 와랄
군의 상대가 되지 못했다.

악!

억!

드디어 명군을 무찔렀다.

적을 물리치지 못하면 들어올 생각 마라!

내가 성 위에서 호응할 테니 목숨을 걸고 싸워라!

정신, 군사가 모자랍니다. 빨리 성문을 열어 주시오!

적을 물리치면 성문을 열어 줄 겁니까?

좋다! 나도 이판사판이다!

이랴~

손당,
내가 왔다!

석형의 지원군
이 우릴 도우러
왔구나!

이로써 야선의 북경 공략은 실
패로 돌아갔다. 결국 그는 군대
를 물리고 명과 화친을 맺었으
며 영종을 돌려보냈다.

1457년, 영종은 석형, 서정 등의
지지를 등에 업고 '탈문의 변'을
일으켜 대종 주기옥을 죽이고 다
시 제위에 올랐다. 그는 서정 등의
사주로 북경 방어전의 일등 공신
인 우겸을 사형에 처했다.

아, 하늘이
나를 망하게
하는구나!

억울하게 부정행위자로 몰린 당백호

1499년, 경성에서는 3년마다 전국적으로 한 번 치르는 과거 시험인 회시會試가 열렸다. 회시는 각 성에서 치르는 향시鄕試에 합격한 거인擧人에게 시험 자격이 주어졌다. 이에 당백호와 서경도 회시에 응시하기 위해 경성으로 향했다.

으악!

이랴~

하하, 서경 형의 풍채가 눈이 부시는구려!

어찌 강남 제일의 수재 당백호에 비기리오!

놀고들 있네. 여기가 시험장이야, 자기 자랑하는 데야?

우리 잘해 보세.

그러세.

당백호, 오늘 우리는 거물을 만나러 갈 걸세.

누군데?

현 황제의 스승 이자 이번 회시의 감독관인 정민정 어른이네.

뭐, 감독관?

방금 감독관 이라고?!

글쎄, 수험생이 감독관과 만나면 뒷말이 많이 나올 텐데.

뭐 어때? 우리 행동만 바르면 되지.

내가 향시에서 거인에 합격할 때도 정 대인이 감독관이었네.

이렇게 경성에 왔는데 어찌 안 찾아뵐 수 있나?

허풍이 아니라 이번 시험에서 우리는 3등 안에 들 걸세!

아니, 꼭 장원이 돼야지! 하하……

168

그게 뭐가 어렵다고? 『퇴재기』에 나오는 얘기잖아.

내 기억이 틀리지 않다면 그건……

미리 시험 문제를 알아 놓고 어디서 빼기고 난리야?

그러게.

뭐라고?

이 두 사람이 어제 정 대인 집에서 나올 때 손에 시험 문제를 들고 있었다!

헛소리 하지 마! 우린 정 대인과 시를 읊으러 갔을 뿐, 시험 얘기는 꺼내지도 않았다고!

당백호, 그만해.

봐, 다 인정했잖아?

이런 법이 어디 있어? 우린 10년을 고생했는데 누군 편하게 시험 보고!

정민정은 시험관 자격이 없다!

음, 이런 일이 있었군.

ㅎㅎㅎ

정민정, 나 화창이 널 밀어내고 승진 좀 해야겠다.

화창은 효종孝宗을 찾아가 정민정이 시험 문제를 유출했다고 탄핵했다.

신 화창, 아뢸 말씀이 있습니다.

무엇이냐?

신이 조사한 결과, 회시 시험관인 정민정이 뇌물을 받고 시험 문제를 당백호와 서경에게 흘렸습니다.

또 이 둘은 각각 회원과 아원*에 내정됐습니다.

수험생들 사이에 이 일로 꽤 시끄럽다고 들었습니다.

수험생들이 크게 분노해 조정에 불만이 높습니다.

이 사건을 규명하지 않으면 조정에 대해 실망하게 될 것입니다.

그게 사실이냐?

정민정, 해명해 보시오!

아닙니다.

신은 다만 두 사람을 청해 시를 지은 일밖에 없습니다.

* 회원會元, 아원亞元
　회원은 회시에서 1등을 한 학생, 아원은 회시에서 2등을 한 학생을 가리킴.

171

정민정은 물러가 조사를 기다리고, 이동양이 모든 시험을 재검토 하시오!

부정행위 혐의가 있는 두 학생은 옥에 가두고 엄하게 문초하라!

억울합니다, 폐하!

난 부정행위를 저지르지 않았어, 저지르지 않았다고!

억울해!

어서 당인을 끌고 가라.

헤롱~

172

다그닥~ 다그닥~

빨리 집으로 가자!

멈춰라!

히힝~

가자!

놔 주세요!

어딜, 도망 가려고!

서경, 이 줏대도 없는 놈! 내가 사람을 잘못 봤구나.

이제 자백 하지 않아도 상관없다. 처분 을 기다려라!

시험관인 예부 우시랑 정민정은 사직하고 고향으로 돌아가라!

서경, 당인은 거인 자격을 박탈 하고 더 이상 과거 응시를 불허 한다!

어찌 이런 일이……

정 대인 ……

훗날 형부와 이부의 공동 심리에서 서경은 자신의 진술을 뒤집고 고문에 의한 것임을 밝혀 황제는 이들의 명예를 회복시키라고 명했다. 정민정은 출옥 후 우울증에 걸려 세상을 떠났고, 당인은 옥을 나와 절강의 말단 관리로 강등됐지만 부끄러워 직무를 맡지 않았다.

제가 은사님을 해쳤습니다……

이후 당백호는 더 이상 공명에 연연하지 않고 마음 가는 대로 시를 짓고 그림을 그려 문학·예술 방면에서 위대한 업적을 남겼다.

공명을 놓으니 참으로 마음이 편안하구나!

양일청이 환관 유근을 제거하다

명 무종 주후조가 즉위하자 환관 유근이 득세하여 자기 의견에 반대하는 자를 모두 배척했다. 이에 대학사 이동양은 유근을 제거하기로 마음먹었다. 그는 거짓으로 유근을 따르며 중임을 맡아 유근 일당을 발본색원할 기회를 노렸다.

이동양, 큰일 났다! 안화왕 주치번이 반란을 일으켰어!

허둥 지둥

일이 커지기 전에 반란을 진압할 인재 하나만 추천해 주게.

딱 맞는 인물이 있긴 한데, 그게……

뜸들이지 말고 빨리 말해라!

유공에게 미움을 산 양일청楊─淸 입니다.

이 유근 놈을 없앨 기회가 온 것 같군.

감군은 항상 환관이 맡았으니 내정대태감 장영張永 에게 이 임무를 맡기십시오.

알았다. 이 일은 네가 알아서 해라.

그게 무슨 대수 라고. 빨리 그를 영하로 보내라!

그런데 양일청이 영하에 도착하기도 전에 반란은 이미 평정되어 있었다.

구월, 대단허이. 반란을 금세 평정했구먼.

178

양 대인, 안화왕의 군대가 저절로 와해된 덕에 채 열흘도 안 돼 쉽게 진압할 수 있었습니다.

수고 많았네. 어쨌든 난 여기서 감군 장영을 기다려야 하네.

장 감군은 유근과 사이가 아주 나빠 불구대천의 원수라고 합니다.

그래봤자 환관은 한통속이라고.

여기서 그를 만나겠다.

장 감군이 도착했습니다.

장 감군, 어서 오십시오.

양 대인, 앉으시지요.

179

양 대인, 반란을 금방 평정하셨습니다.

내 부하인 구월이 평정했지, 전 아무것도 한 일이 없습니다.

그 대장에 그 부하인 법입니다. 너무 겸손해하지 마십시오.

허허

당신은 능력자!

장영은 예의가 바르군. 허리 꼿꼿한 환관들과 전혀 다른걸.

…그런데 유근 이 도적놈이 폐하와 백성을 속여서 온 나라가 어지러워졌습니다!

그런 말은……

장영처럼 양심 있는 환관은 오랜만이야.

가증스런 유근 놈!

진정하시오, 장 감군.

왜 이리 화를 내십니까?

유근이 권력을 독점하여 그를 무너뜨리기가 쉽지 않습니다.

안화왕의 반란 격문을 봤는데 안에 열거된 유근의 죄상이 사실과 꼭 부합합니다.

정말 천인공노할 악인입니다!

양 대인이 상소를 올려 유근의 죄상을 낱낱이 밝힌다면 폐하도 그를 벌하지 않을까요?

181

우리는 멀리 영하에 있고, 유근은 폐하 바로 곁에 있습니다.

지금 유근을 고발하면 되려 우리가 당할 수도 있겠군요.

장영과 손을 잡으면 유근 간신 놈을 빨리 제거할 수 있겠어.

안화왕의 반란 평정을 마무리하고 장영은 도성으로 돌아갈 채비를 했다.

도성까지 길이 머니 조심해서 돌아가십시오.

양 대인께서도 항상 몸조심하세요.

이 자를 하루 빨리 제거하지 않으면 백성이 그만큼 고통을 당합니다.

꾸욱-

지난번에는 그를 제거하기 매우 어렵다고 하지 않았습니까?

그때는 때가 아니어서요.

장 감군이 이번에 돌아가 폐하께 유근의 죄상을 폭로하면 그를 죽일 수 있습니다.

만일 실패하면 내 목이 달아날 텐데……

애초에 나에게 상소를 올리라고 할 때 내 안전은 생각 안 했나?

찌릿

그대가 극악무도한 유근을 제거한다면 천고에 이름을 날릴 것이오!

그래, 나도 나이가 많아 오래 못 살 텐데 차라리 좋은 일이나 하자!

좀 더 생각해 보리다.

183

좋소. 내 부딪혀 보리다!

어떻게 폐하께 일러바칠 생각입니까?

격문에 있는 죄상을 읊어 드려야죠.

그건 안 됩니다. 제가 방법을 알려 드리죠.

만약 그대에게 위험이 닥친다면 내 절대 혼자 살지 않겠소!

어차피 죽음을 각오한 몸! 양 대인 같은 호인을 만난 건 내게 행운이야.

185

잠깐만!
유근이 반란을
일으킨다고?

예. 유근의
반란이 성공하면
폐하는 어떻게
되겠습니까?

이렇게 해서 유
근이 옥에 갇히
게 됐는데……

신기영에 알려
즉각 유근을
체포하시오!

예, 폐하!

폐하가 옥중의
유근에게 옷가지를
전해준 걸 보니 사
태가 이상하게 흘
러가는데.

불안

초조

장영!

이동양,
어쩐 일이오?

186

내 사제인 양일청에게 그대를 도와주라는 편지를 받고 특별히 찾아왔소이다.

내 이미 조정 대신들을 설득해 놓아 그들이 내일 유근을 탄핵할 것이오.

여론의 힘이 모이면 유근 제거도 어렵지 않소.

무종은 산더미처럼 쌓인 탄핵 상소문을 보고 유근의 집을 압수 수색하라고 명했다. 조사한 지 얼마 안 돼 많은 재물과 대량의 무기가 발견되었다. 이 보고를 받고 대로한 무종은 금의위와 법사에 유근을 오문으로 압송하여 조정 대신의 심문을 받도록 했다.

감히 내게 반란죄를 뒤집어씌우다니!

너희들 중 나와 얽히지 않은 자가 있다면 한번 심문해 봐라!

나는 너와 털끝만 한 관계도 없으니 내가 심문하겠다!

채진

채 부마……

왜 무기를 몰래 숨겼느냐?

폐하를 보호하기 위해서요.

집 안에 무기를 숨겨 폐하를 보호한다고?

여봐라, 저놈을 매우 쳐라!

내 다 자백하겠소!

어휴, 이제 나는 끝났다!

환관 유근은 마침내 처형되고, 양일청은 도성으로 와 호부상서에 임명되었다.

다 모반을 일으키려고……

체념

자포자기

심학을 주장한 왕수인

명의 과거 시험은 주희의 학설을 정통으로 삼았기 때문에 많은 학생들이 주희의 저서를 열심히 공부했다. 다들 출세를 위해 공부했지만 왕수인은 보다 궁극적인 데에 뜻을 두었다.

주희가 제창한 격물궁리*로 이 대나무가 어떤 리理를 지니고 있는지 연구해 보자.

수인아, 뭐하고 있느냐?

대나무의 리는 생명력이 강한 것일까, 질박한 것일까 아니면 마디에 물을 품고 있는 것일까?

???

* 격물궁리格物窮理
  사물의 이치를 연구하여 끝까지 따지고 파고들어 궁극에 도달함을 이르는 말.

189

조용하세요. 지금 성인의 도를 깨닫는 중이에요.

뭐라고??

아냐, 아냐. 격물 궁리의 본뜻은 분명 이렇게 공리적인 게 아닐 거야.

보다 더 깊은 내면을 파고들어야 해.

저렇게 버릇없는 놈은 나중에 우리 집안의 수치가 될 거야.

이레 후

대나무를 연구하면서 이치를 알아내기는커녕 몸에 병이 났으니.

방법이 틀린 것 같아.

에취

훌쩍

190

이에 왕수인은 성인의 도 찾기를 포기하고 남들처럼 관직에 나가기로 결심했다.

아버지, 이제부터 열심히 공부해서 꼭 관리가 될게요!

네 재능으로 정도를 걸으면 몇 년 안에 장원급제도 문제없다.

하지만 스스로에 대한 자괴감 때문에 공부가 머리에 들어오지 않았다.

오지 맛!

냐옹~

격물궁리의 참뜻도 아직 깨닫지 못했는데 주희의 책을 아무리 읽는다고 무슨 소용이겠어?

만물에 각각 리가 있다면 유가 저서 외에 불교 등의 학설에도 리가 있는 게 아닐까?

金剛經

莊子

191

결국 이는 시험 결과에 그대로 나타났다.

연달아 두 번 회시에 낙방하고 나서 깨달은 바가 있습니다.

호사다마*다. 너의 재주면 반드시 대업을 이룰 것이다.

더 열심히 공부해서 다음에는 꼭 합격해라!

제가 깨달은 바는 낙방 따위는 결코 대수롭지 않다는 사실입니다.

이 일로 잠을 못 자거나 수심에 잠기지 않으려고요.

성현의 책을 읽어봐야 아무 쓸모도 없으니 이제 병서를 읽고 병법을 익혀서 나라에 보답할 생각입니다!

네가 애비를 말려 죽일 작정이구나!

* 호사다마好事多魔
좋은 일에는 흔히 방해되는 일이 많음. 또는 그런 일이 많이 생김.

192

팡!

흠흠……

이놈이 하라는 학문은 안 하고……

애비는 장원에 합격했는데 너는 진사에도 붙지 못했으니 무슨 낯으로 사람들을 보겠느냐?

네 나이 벌써 서른에 가정까지 꾸렸는데 마음 내키는 대로 살아서야 되겠느냐?

걱정 마세요. 제가 병법과 무예를 익히면서도 사서오경을 완전히 놓지는 않았습니다.

2년 후 회시에서는 꼭 합격할게요!

그렇담 안심이다.

193

왕수인은 마침내 회시에 합격해 벼슬길에 올랐다.

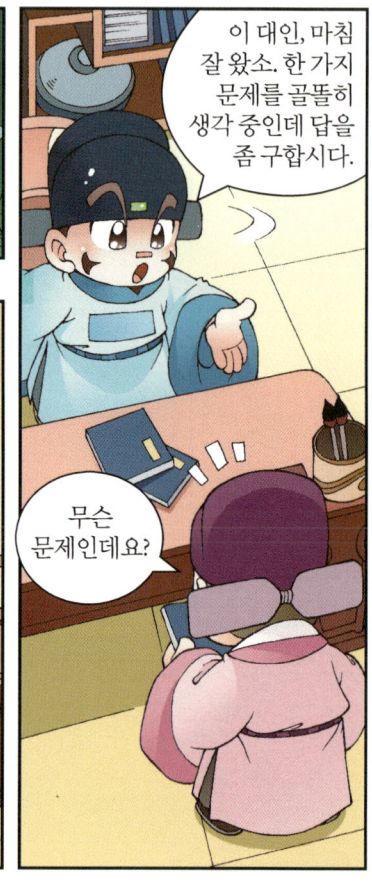

이 대인, 마침 잘 왔소. 한 가지 문제를 골똘히 생각 중인데 답을 좀 구합시다.

무슨 문제인데요?

이 문서에 왕 대인의 서명이 필요합니다.

곰곰

"하늘의 이치를 보존하고 사람의 욕심을 없애라"는 주희의 말을 어찌 생각하시오?

너무 진지하게 고민 마십시오. 주희는 성인인데 어찌 성인의 잣대를 우리 같은 보통 사람에 맞추려 하십니까?

뭐요?

194

횡령을 예로 듭시다. 횡령이 나쁜 짓임을 누구나 알지만 관원의 녹봉이 너무 적어서 생계도 꾸리기가 어렵지 않소?

……

그대의 말은 일반적인 척도일 뿐이고, 주희의 말은 더 숭고한 뭔가가 있소.

참 왕 대인, 아직 서명을 안 했소이다!

내가 바랐던 답이 아니야.

이 대인의 말이 틀렸지만 어떤 면에서는 맞는단 말이지.

왕수인은 3년 만에 병으로 관직을 사임하고 고향에 내려갔다가 한 고승을 방문했다.

여기선 내 의문이 풀릴지도 몰라.

시주는 어떤 가르침을 받으러 오셨습니까?

선사가 속세를 달관했다는 얘길 듣고 특별히 불법의 가르침을 받고자 합니다.

이것도 다 인연인데 얘기해 드리지요.

불법에는 제행무상諸行無常, 제법무아諸法無我, 열반적정涅槃寂靜의 삼법인*이 있습니다. 또……

시주는 불법에 관심이 없는 듯 보입니다.

먼 산…

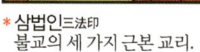

* 삼법인三法印
불교의 세 가지 근본 교리.

196

선사가 말한 것은 일반적인 교리라 저도 이미 알고 있습니다.

그렇다면 남은 것은 깨달음을 얻는 수련입니다. 그것까지 빈승이 도울 수는 없습니다.

선사는 가족이 있습니까?

······

······

썰렁—

있었지요.

집에 누가 계십니까?

어머니가 계십니다.

어머니가 그리운가요?

그게……

휘이-

휘익-

펄럭~ 펄럭~

어찌 생각나지 않겠습니까?

슬프게 왜 이런 질문을 하는 거야?

자기 어머니를 그리워하는 것은 부끄러운 게 아닙니다. 그건 인간의 본성입니다!

흑……

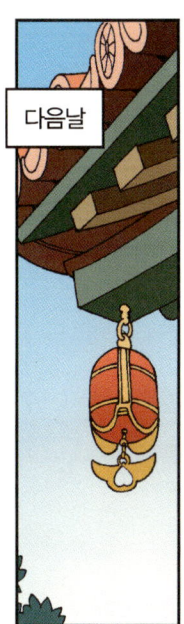

다음날

그대가 왕수인이요?

그렇습니다만 주지 스님이 어쩐 일이십니까?

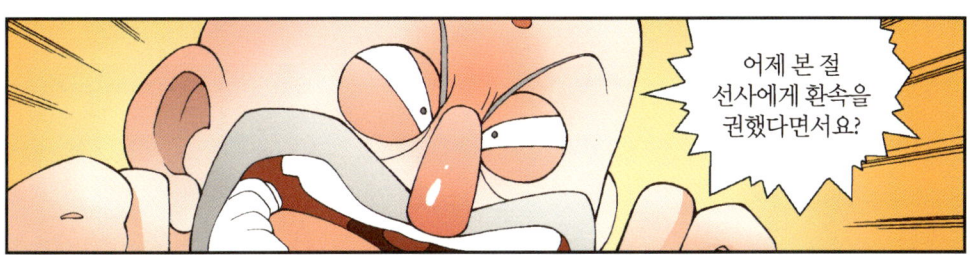

어제 본 절 선사에게 환속을 권했다면서요?

아닙니다. 전 다만 자신의 본성을 따르라고 말했을 뿐입니다.

이만 하산해 주십시오. 여기 더 계시다간 본 절이 문을 닫게 생겼습니다.

그럼 이만 가 보겠습니다.

세상에 아무리 많은 지고무상의 진리가 존재한다 해도 인성을 없앨 수도 없고 없어지지도 않아. 그것은 천지 사이에 영원히 존재하니까 말이지.

하아—

주희의 이론은 틀렸어. 천리는 인욕을 없앨 수 없다고. 천리가 바로 인욕이기 때문이지.

왕수인은 주희의 이학*에 대응하는 심학** 이론을 발전시켜 명·청 양대의 사회 사상과 학술 이념에 깊은 영향을 미쳤다.

내가 갈고 닦아야 할 학문에 길이 보이기 시작했어.

그는 또한 사람들에게 '양명 선생'이란 이름으로 널리 알려져, 그를 '왕양명'이라 부르기도 한다.

* 이학理學
　사물의 이치에 궁극적 가치를 두는 학문.
** 심학心學
　사람의 마음에 궁극적 가치를 두는 학문.

미친 척해 위기를 모면한 당백호

대대로 강서 남창에서 살아온 영왕 주신호는 은밀하게 인재를 끌어모으는 데 열중했다. 이에 강남 4대 재자 중 하나인 당백호도 그의 빈객이 되었다.

府王寧

이분은 시·서·화 모두 천하 제일인 당백호 선생이오.

이 험악한 분위긴 뭐야?

당 선생, 이쪽은 모두 본왕의 강호 친구들이오.

반갑소이다!

아, 예…

하하, 당 선생은 문인이라 이런 강호 호걸들을 본 적이 없겠군요.

비웃지 마십시오.

주신호는 당백호의 환심을 사기 위해 많은 재물을 선물했다.

영왕이 선물하신 저택입니다.

난 영왕을 위해 아무것도 한 일이 없는데……

영왕은 인재를 중시하시니 받아 주십시오!

음……

부담-

202

영왕이 날 예우하고 있지만 우락부락한 사람들과 어울리는 게 아무래도 맘에 걸려.

좋은 사람들 같아 보이지 않았어.

영왕께서 찾으십니다.

방금 전에 뵈었는데 또 무슨 일이지?

저야 모르죠. 얼른 가 보십시오.

알쏭

알겠소. 내 곧 가리다.

저벅　　　저벅

백여 년 전 선조께서 성조를 따라 건문제를 정벌할 때, 성조는 천하를 함께 나누겠다고 약속했소.

그런데 돌아온 건 고작 이 작은 남창뿐이었소!

영왕이 공개적으로 성조를 원망하다니. 이는 대역무도한 일인데.

영왕을 뵙습니다.

당 선생, 마침 잘 오셨소. 앉으시오.

204

당 선생은 소주 사람이니 본왕의 군대가 남경으로 들어가려면 어느 길이 가장 좋겠소?

네엣?

대왕의 군대가 왜 남경으로 들어가려는 겁니까?

그건……

폐하가 남경에서 본왕의 군대를 살펴보신다고 해서요.

그렇군요.

남방은 언덕이 많아 행군하기 불편하니 구강에서 배를 타고 장강을 따라 동쪽으로 내려가면 금방 남경에 도착합니다.

본왕의 생각과 일치하는구려!

명 건국 이후 황제가 번왕의 군대를 검열했던 적은 없었어. 이는 분명 핑계다!

205

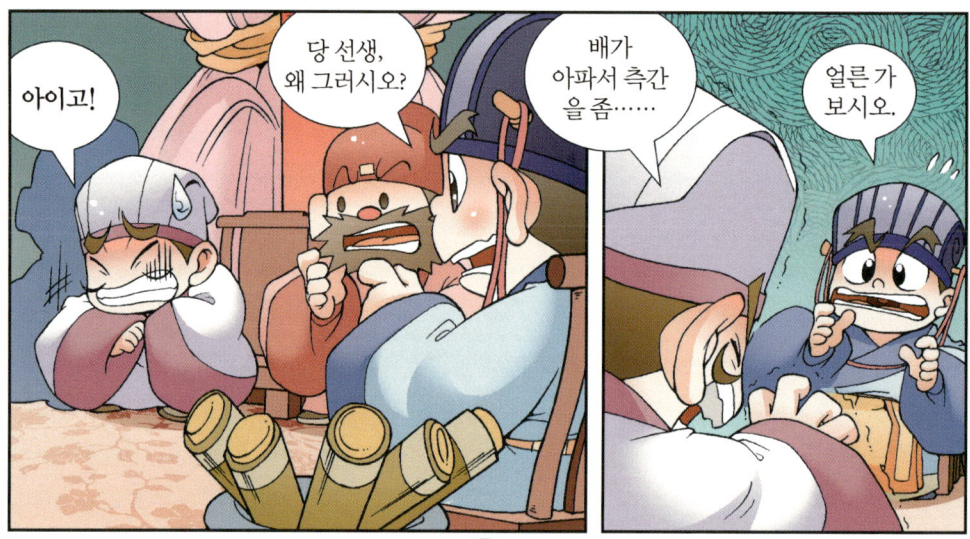

당백호는 영왕의 의도를 알아채고 화가 미칠까 두려워 몸을 빼낼 방법을 고민했다.

영왕이 모반을 꾸미는 게 확실해. 그 자리에 함께 있으면 나도 한패가 되는 거라고.

빨리 분쟁 소굴인 이 남창을 떠나야지, 자칫하다간 목이 달아난다.

생각을 하자!

하지만 영왕의 기밀을 알고 있는 내가 간다고 하면 죽이려 들 텐데, 어쩌지?

목숨을 부지하려면 그 방법밖에 없어.

전에 성조 황제가 썼던 바로……

207

아니,
이 무슨!

하하하
……

늘리리야
늘리리~

욱!

어디서 튀어
나온 미친놈이야?
저런 놈을 안 잡아
가고 뭐해?

저자는
영왕의 빈객인
당인인데 어쩌
다가 미쳤지?

아, 쥐구멍
이라도 들어
가고 싶다.

까꿍!

꺄악!

미풍양속을 해친 저 미친 놈을 당장 체포해라!

영왕의 귀빈인 날 잡아가면 네 목이 잘릴걸.

키킥

진짜 영왕의 귀빈 입니다.

그래?

영왕에게 미움을 살 순 없다. 가라. 이 일은 내 소관이 아니다.

시간 있으면 우리 집에 놀러 와!

목숨을 부지 하기 위해선 어쩔 수 없다.

이 소문은 삽시간에 영왕부까지 퍼졌다.

당인이 진짜인지 가짜인지 모르겠지만 미쳐서 대왕의 명성에 먹칠을 하고 다닙니다!

나도 이미 들었소.

시무룩

시기적으로 너무 수상쩍어.

대왕의 계획에 동참하지 않으려고 미친 척하는 게 분명합니다.

미치광이를 빈객으로 삼았다고 천하의 웃음거리가 될 수 있으니 당장 그를 쫓아 버리십시오.

……

210

아예 그를 죽여 후환을 없애십시오.

당인의 명성이 높아서 여기서 죽어도 골치 아프긴 매한가지요.

그냥 놔두는 게 상책일 것 같소.

그랬다가 우리 계획을 떠벌리고 다니면 어쩝니까?

그렇진 않을거요. 당인처럼 똑똑한 사람이 무모한 짓을 할 리 없소.

최근 본왕을 고발하는 사람이 많아졌지만 조정 고관들이 다 본왕의 뇌물을 받아서 여전히 끄떡없잖소!

대왕은 반드시 대업을 이룰 것입니다!

하하……

이랴~

터벅 터벅

영왕의 부귀는 필요 없다. 시와 술만 있으면 그만이지.

남들은 나를 보고 미쳤다고 비웃지만, 나는 남들이 제대로 보지 못한다고 웃고 있네.

오릉 호걸의 무덤을 보지 못했는가, 꽃도 술도 없이 호미로 갈아서 밭이 돼 버린 걸.

당인의 선택이 현명했음은 사실로 증명되었다. 훗날 영왕은 반란을 일으켰다가 겨우 35일 만에 평정되고 말았다.

212

왕수인이
영왕의 반란을
평정하다

1519년, 영왕 주신호가 반란을 일으켜 강서순무 손수가 피살되고 감남순무 왕수인은 남창에서 도망쳤다. 이에 강서 경내 전체가 혼란에 빠졌다.

임강지부 대덕유는 어디 있느냐?

앗!

왕 순무셨군요. 지금은 비상 시기라 예를 다하지 못하는 점 양해 바랍니다.

지부라는 자가 도망칠 궁리부터 하고 있었느냐?

영왕이 모반을 일으킨 지 꽤 지났는데도 조정에서는 나 몰라라 하고 제 수하에는 군사가 없어서 그만······

못 간다. 남아서 나와 함께 반란을 평정해라!

왕 대인이 맡아 주시면 소인도 최선을 다해 힘을 보태겠습니다!

좋다!

나도 남창에서 홀로 빠져나와 군사는 하나도 없다.

네?

기 대

군사를 얼마나 이끌고 오셨습니까?

그럼 이 인원으로 어떻게 반란을 평정합니까?

답답하시네-

걱정 마라. 내가 있지 않느냐!

……

주저

주저

저도 왕 대인을 믿고 이 한목숨 바치겠습니다!

순검, 아역, 민병까지 총동원해 영왕이 오면 끝까지 싸우겠습니다!

대 지부의 용기가 가상하다. 하지만 싸움은 임강이 아니라 길안에서 할 것이다.

다다다

멈춰라!

너희들은 누구냐?

왕 순무에게 드릴 말씀이 있소!

내가 왕수인인데 그대는 누구요?

215

저는 길안지부 오문정입니다.

강서 관원들이 죄 달아났는데 오 지부만 성을 굳게 지켰구나. 정말 장하다!

과찬이십니다.

반란을 평정하실 생각입니까?

물론이다.

그럼 축하드립니다.

축하라고?

영왕은 평판이 나빠 따르는 자가 많지 않습니다.

일거에 공을 세울 절호의 기회입니다!

의기충천!

좋다. 오 지부는 이웃 현의 관원과 민병을 소집하고 길안에 반란 진압 지휘부를 설치하라!

길안

보고에 따르면 영왕의 병력은 8만이고, 목표는 남경이다.

뭘 망설입니까? 당장 남창으로 진격해 시간을 끌면서 조정의 대군을 기다립시다!

반란 소식이 조정에 전달되고, 또 조정에서 군대를 보내는 데 시간이 소요돼 지체하다간 남경을 잃고 만다.

남경을 잃으면 국토의 반을 잃고 맙니다.

우리 군사가 적고 또 대부분 전투 경험이 없어서 지금 영왕과 싸우는 건 자살과 같다.

그렇다고 반군이 남경을 공격하도록 놔둘 수는 없잖습니까?

반군이 남창을 나오지 못하도록 시간을 벌 방법이 있다.

217

남창

도독 허태 등은 변경 군사를, 유휘 등은 도성 군사를 각각 4만씩 거느리고, 또 감남의 왕수인, 호광의 진금, 양광의 양단도

각기 부하를 이끌고 총 16만 군사가 함께 반란을 평정하라.

조정의 반응이 정말 빠른데? 영왕이 거사한 지 며칠 만에 16만 대군을 보냈어.

영왕의 역심을 누가 몰랐겠나? 조정에서도 다 대비했던 거지.

조용히 해, 죽고 싶어?

읍!

아, 이 사람이!

열흘 후, 영왕부

조정 군대가 온다고 하더만 여러 날이 지났는데도 왜 그림자 하나 안 보이는 거야!

왕수인의 계략에 걸린 게 분명합니다. 조정 군대가 이렇게 빨리 올 리 없잖습니까?

그놈 때문에 시간을 이리 오래 지체하다니!

왕수인이 길안에서 인마를 모으고 있다 하니 군대가 틀을 갖추기 전에 없애 버리시죠!

아니오! 조정 군대가 도착하기 전인 지금이 아니면 남경 공략 기회가 없소!

조금도 지체하지 말고 당장 남경으로 진격합시다!

예!

219

전황은
어떠하냐?

영왕이 출병
했다는 소식
입니다!

오, 그래?!

영왕이 하루
만에 구강을 함락
하고 지금 안경성
아래에 도착
했습니다.

안경은
남경의 문호라
절대 뺏겨서는
안 됩니다!

빨리 안경으로
출격합시다. 안경
수비군과 안팎으로
호응하면 반군을
무찌를 수 있습
니다!

아니다! 우리는
남창으로 쳐들어간
다. 영왕은 분명 군대
를 돌려 남창을 구하
러 올 것이다!

220

남창은 성곽이 견고해서 금방 무너뜨릴 수 없는 데다 지체하면 안경도 지켜낼 수 없습니다!

남창은 안경 상류에 위치해 우리가 남창을 놔두고 안경으로 진격하면 남창 적군은 분명 우리 후미를 공격할 것이다.

그리고 안경 수비군은 적군을 협공할 만한 병력이 없다.

......

남창은 비록 성이 견고하지만 영왕이 주력부대를 모두 이끌고 가 공략하기 어렵지 않다!

훌륭한 작전입니다!

왕수인은 병력을 모두 이끌고 남창성 포위 작전에 돌입했다.

남창을 이미 포위했는데 왜 공격하지 않는 것입니까?

성 안에 수비병이 만여 명은 있어서 강공을 펴면 사상자만 초래하니 지혜로 취할 생각이다.

생각해 둔 방법은 있습니까?

첩자를 이용해 싸움을 시작한다.

히히

222

왕 순무가 복건과 광동에서 차출한 정예병 30만 대군을 이끌고 온대!

우리에게는 쓸데없이 참견하지 말고 대문이나 잘 걸어 잠그라는군.

정말 좋은 분이셔. 백성들에게 여파가 미치지 않게 배려도 해 주시고.

남창성

빨리 올라가라!

223

이제 올라오지 마. 성에 아무도 없어. 바로 성문을 열 테니까.

설마 공성계는 아니겠지?

다들 조심해라. 매복이 있을지 모른다.

수비병이 정말 다 달아났습니다!

정말이냐?

기가 막힌 작전이었습니다. 우리가 30만 대군이란 얘길 듣고 싸우지도 않고 도망갔습니다.

하하……

영왕은 남창을 잃었다는 소식을 듣고 급히 회군하다가 파양호에서 왕수인에게 격퇴되었다. 이로써 반란은 금방 평정되었다.

황당무계한 황제, 주후조

명 무종 주후조는 유흥을 지나치게 좋아하고 반골 기질이 강했다. 그는 달단 친정에 나서 직접 적과 싸웠으며, 영왕 주신호가 반란을 일으켰다는 소식을 듣고 크게 흥분해 즉각 정벌 명령을 내리기도 했다.

폐하가 진국공 무위대 장군 주수를 파견해 영왕을 정벌한대!

조정에 저런 인물이 있다는 건 처음 듣는데?

주수는 바로 황제 자신이기 때문이죠.

뭐?

폐하는 황제 자리에 염증을 느끼고 직접 전쟁에 나서는 대장군이 되고 싶어 스스로 봉호를 더한 거네.

그렇게 된 거구먼.

그럼 이제 폐하를 대장군이라고 불러야 하나?

그건 알아서 부르시죠.

명나라 황궁

폐하……

룰루랄라~

몇 번을 말했느냐? 전쟁 중에는 대장군이라 부르라고!

예! 대, 대장군…

226

대장군께서 친정에 나설 필요가 없어졌습니다. 왕수인이 이미 반란을 평정해 전쟁이 끝났습니다.

못된 왕수인이 내 공을 가로챘구나!

주신호는 우리 집안에 걸맞지 않는 놈이라 여기서 끝낼 수 없다.

이제 갑옷을 벗으시지요.

방금 뭐라 했느냐? 내가 못 들었다.

다다다

아함~

대군은 원래 계획대로 역적 주신호 정벌에 나선다!

이미 끝났는데 무슨...

대장군의 표정이 어둡습니다. 제가 무슨 잘못이라도 저질렀습니까?

강빈, 그게 아니다. 갑자기 유 애비 생각이 나는구나.

휴…

그럼 사람을 보내 부르면 되지 않습니까?

유 애비가 준 신물을 내가 잃어버려서 아마 오지 않을 거야.

그래! 내가 직접 데려오면 되겠다!

하지만 대군이 이미 산동까지 행군했는데요.

너희는 여기서 기다려라. 금방 다녀올 테니.

대장군……

주후조의 대군이 양주에 이르렀을 때 강빈 등은 주후조의 환심을 사기 위해 여자들을 마구 잡아 바쳤다.

사람 살려!

아빠, 엄마!

엉엉 ……

딸아!

제발 내 딸 좀 풀어 주세요!

흑흑……

왜 우느냐? 너희들 딸이 폐하를 위해 일하는데 영광으로 알아 야지!

이에 양주에서는 기괴한 납치 사건들이 벌어졌다.

제발 좀 놔 주세요!

어서 가세!

내가 먼저 잡았어!

제발 내 딸 좀 살려 주게. 폐하가 미혼녀만 원하니 내 사위가 돼 주면 어떻겠나?

안 돼, 내 사위야!

내 사위라고!

저기 남자가 있다!

사람 살려!

아버지!

난 부모님께 혼약 사실을 알리지도 못 했다고요!

사위를 빼앗아 왔다!

빨리 혼례 준비를 해라!

양주 관아

장 대인, 양주성이 난장판 입니다. 남자들은 납치를 당할까 봐 문 밖으로 나오지도 못합니다.

나도 이미 알고 있다.

肅靜

이게 다 강빈, 오경 같은 간신배 때문에 벌어진 일이다.

장요

내 관직을 잃고 목이 달아난다 해도 이놈들을 양주에서 꼭 쫓아내겠다!

평화로웠던 양주를 이 지경으로 만들어 놓다니.

231

폐하, 물고기를 사러 왔습니다.

그런데 옷과 장식품은 왜 가져온 거냐!

국고가 텅 비어 하는 수 없이 가산을 털었습니다.

폐하 앞에서 농담을 하는 거냐!

흥!

정말 돈이 없는 것 같으니 그냥 가져가라.

왕수인이 주신호를 남경으로 압송했다 한다. 양주에서 그만 노닥거리고 남경으로 돌아가자.

233

남경

주신호를
데려 와라!

폐하, 신이 잘못
을 뉘우치고 일개
평민으로 조용히
살겠습니다.

아이고,
영왕은 빨리
일어나라.

심심한데
좀 놀아
볼까?

234

얼른
도망가라!

네?

살고 싶지
않느냐? 빨리
달아나래도!

뭐… 뭐지?

감사합니다,
폐하!

역적
주신호를
잡아라!

이건
……

헉!

235

다들 봤느냐? 역적 주신호를 잡은 건 왕수인이 아니라 짐이다!

나 참…

헐~

힉–

하하

하하, 너무 재미있다!

무종은 재위 기간에 이처럼 황당무계한 일을 셀 수 없이 저질렀다. 그는 남경에 머물면서 쾌락과 음탕한 생활에 빠졌고 결국 1521년, 남경에서 물놀이를 하다가 배가 전복돼 그만 익사하고 말았다.

명 下

◦ 엄답이 통상 요구로 북경을 침공하다

◦ 서계가 엄숭을 제거하다

◦ 척계광이 왜구를 평정하다 上

◦ 척계광이 왜구를 평정하다 下

◦ 이시진과 『본초강목』

◦ 황제를 신랄히 비판한 청백리, 해서

◦ 장거정이 고공을 몰아내고 권력을 쥐다

◦ 장거정의 개혁으로 나라가 부강해지다 上

◦ 장거정의 개혁으로 나라가 부강해지다 下

下
明

인물 소개

엄답俺答**칸**

아륵탄阿勒坦칸이라고도 부른다. 몽고 토묵특土默特 부족의 수령이다. 여러 차례 명을 침략하고 약탈했다.

주후총朱厚熜

명 세종世宗. 초기에는 '신정'을 추진해 개혁을 이끌었지만 도교에 빠져 간신 엄숭이 20년간 권력을 독점했다. 후기에는 서계를 수보로 등용해 나라를 다시 정상 궤도에 올려놓았다.

서계徐階

세종과 목종穆宗 때 수보를 지냈다. 권세가 하늘을 찌르던 엄숭을 몰아내 인심을 수습하고 선정을 펴 명재상으로 칭송받았다.

엄숭嚴嵩

명의 권신으로 20년간 권력을 독점했다. 중국 역사의 10대 간신 중 한 명이다. 권력을 이용해 부당한 이득을 취하고 반대파를 모조리 숙청했으며 변방 방어를 게을리해 사회 갈등을 격화시켰다. 결국 말년에 재산을 몰수당했다.

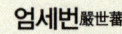

엄세번嚴世蕃

엄숭의 아들. 교활하고 임기응변에 능했으며 남의 마음을 읽는 능력이 탁월했다.

척계광戚繼光

왜구를 무찌르는 데 큰 공을
세워 민족 영웅으로 추앙받았다.
'척가군戚家軍'이라는 군대를
조직했고 수많은 병서와
시문집을 남겼다.

이시진李時珍

중국 고대의 의학자
이자 약물학자이다.
『빈호맥학瀕湖脈學』,
『본초강목本草綱目』등
중의학의 경전과도
같은 저서를 남겼다.

고공高拱

세종과 목종 때의
대신. 명 중기의 재능
있는 정치가 중 한
사람이다.

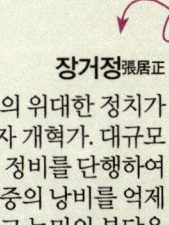

해서海瑞

명대의 정치가로 청백리로
유명했다. 청렴결백하고 세속에
물들지 않아 사람들에게
'해청천海靑天'이라 불리며 송의
포증과 이름을 나란히 올렸다.

장거정張居正

명의 위대한 정치가
이자 개혁가. 대규모
행정 정비를 단행하여
궁중의 낭비를 억제
하고 농민의 부담을
줄이려 애썼다.

엄답이 통상 요구로 북경을 침공하다

1532년, 몽고 달단의 수령 엄답칸이 명의 연수진을 공격했다. 이에 명 세종 주후총은 크게 노해 명과 달단의 호시*를 금지시켰다.

칸, 요즘 설사하는 사람이 늘고 있습니다.

뭐라고?

누가 독이라도 탔단 말이냐! 왜 툭하면 설사를 하는 거야?

우리 주식인 소와 양고기가 너무 느끼해 차를 마셔야만 소화가 됩니다.

* **호시**市
중원과 변방 각 민족 간의 무역 왕래를 이르는 말이다. 수·당 이래로 조정에서는 전문 기구를 설치해 호시를 관리했다.

설마 차를 마시지 않아서 설사를 한단 말이냐?

맞습니다. 그런데 지금 마실 차가 없습니다.

호시를 열지 않으면 남은 차도 조만간 다 떨어지겠군.

낭패일세

찻잎은 모두 호시에 의존하는 상황인데

지금 명이 호시를 금지해서 찻잎을 얻을 방법이 없습니다.

당장 북경으로 가서 명 황제에게 호시를 열어 달라고 부탁해라!

응하지 않으면 내가 신하를 칭하고 매년 조공을 바친다고 해라.

그래도 거절하면 군사를 이끌고 중원을 쓸어버리겠다!

명 황제가 응할까요?

북경

엄답이 스스로 신하를 칭하겠다고? 누굴 속이려고.

훗─

그럼 즉각 달단의 요청을 거부한다고 회신 하십시오.

또 각 성문에 엄답 장수의 머리를 가져 오는 자에게 큰 상을 내린다는 공고문을 붙여라!

짐은 그가 정말 군사를 이끌고 남하하는지 두고 보겠다!

그러다간 엄답을 화나게 만들 텐데.

245

1550년, 격노한 엄답이 대군을 이끌고 남하해 대동을 공격했다. 이를 '경술의 변'이라고 부른다.

구란은 명장 구월의 손자이니 그를 보내면 아무 문제 없습니다.

엄숭, 적을 막을 비책이 있소?

구란을 대동총병에 임명해 달단을 막게 하시오!

알겠 습니다!

대동, 구란의 진영

나는 전쟁 경험이 없는데 달단군과 대적하다 죽는 것 아니오?

전투도 치르지 않았는데 그런 걱정부터 합니까?

구 총병, 상대가 쳐들어오면 거기에 맞게 다 대처 방안이 있는 법입니다.

아무리 생각해도 내가 달단군에 잡혀 노예가 될 것 같소!

염려 마십시오. 장군이 잡혀가면 제가 뇌물을 써서라도 꼭 구하겠습니다.

차라리 날 저주하시오.

달단이 재물을 좋아하는 건 확실하오. 매번 변경을 침략해 약탈을 감행하는 걸로 봤을 때……

엄답에게 많은 돈을 주고 물러가라고 하면 어떻소?

허걱!

며칠 후

엄답이 돈을 받고 군말 없이 돌아갔습니다.

헤헤 ……

이런 방법을 생각해 내다니. 난 천재라니까.

엄답의 군대가 몽고로 철수했소?

선부로 철군 했습니다.

헉, 선부는 북경의 관문인데! 달단이 선부를 점령하고 경성으로 쳐들어 가면 큰일이오!

248

엄답은 선부를 점령하고 곧 장 북경으로 쳐들어갔다.

큰일 났습니다! 달단이 쳐들어오고 있습니다!

경성까지 온 것이 아니면 짐의 연단*을 방해하지 마라.

달단군이 지금 경성 외곽에 있습니다!

뭐라고?

각지 장수들에게 빨리 북경을 방어하라고 알려라!

예, 폐하!

* 연단煉丹
예전에, 중국에서 도사가 진사辰沙로 황금이나 불로불사의 묘약을 만들었다고 하는 일종의 연금술 또는 그 약.

구란은 이 기회에 공을 세울 요량으로 속히 북경으로 달려왔다.

폐하!

구란, 왔구려.

그대가 있어서 안심이오.

도성 방어는 그대에게 맡길 테니 짐을 실망시키지 마시오.

안도

예, 폐하……

됐으니 나가 보시오.

이런, 나 보고 도성을 지키라고?

250

달단은 좀도둑에 불과해 염려하지 않으셔도 됩니다.

적이 이미 성 아래까지 이르렀는데 어찌 좀도둑이라 하시오?

서계의 말이 옳소. 그들이 무슨 좀도둑이오!

엄답의 요구를 들어줘야 한다고 보시오?

외교 문제는 예부의 관할입니다.

이 일은 예부 소관이 맞습니다만

호시 개방 문제는 국가 대사라 폐하께서 결정하셔야 합니다!

뜨거운 고구마는 만지면 안 된다.

짐은 어찌해야 할지 모르겠으니 그대가 좀 도와 주시오.

호시 개방을 허락했다가 엄답이 별별 이상한 요구를 해 온다면 골치만 아픕니다.

하지만 허락하지 않으면 도성을 공격할 태세라……

그래서 어떻게든 시간을 끌어 구원병이 오기를 기다려야 합니다.

엄답은 한어로 된 문서만 보내고 몽고어 문서를 보내지 않았습니다.

외교 문서는 관례에 따라 양국 언어로 된 것이 꼭 필요합니다.

엄답에게 문서를 다시 요구하면 시간을 좀 더 끌 수 있겠구려.

며칠만 시간을 끌면 직례의 구원병이 곧 당도합니다.

구원병이 속속 이르면 엄답은 중과부적을 깨닫고 철군할 것입니다.

좋은 생각이오. 그대로 처리하시오.

달단이 철군 하더라도 호시 요구는 들어 주십시오.

꼭 그럴 필요가 있겠소?

반드시 필요 합니다. 엄답의 근본 목적은 호시 개방이니까요.

응낙하지 않으면 언제 또 쳐들어올지 모릅니다.

그럼 호시를 개방합시다. 짐은 다시는 달단 군대를 보고 싶지 않소.

현명 하십니다!

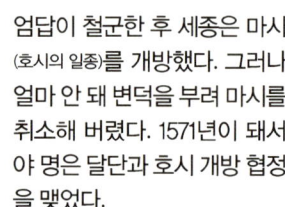

엄답이 철군한 후 세종은 마시 (호시의 일종)를 개방했다. 그러나 얼마 안 돼 변덕을 부려 마시를 취소해 버렸다. 1571년이 돼서 야 명은 달단과 호시 개방 협정 을 맺었다.

일을 이리도 똑 부러지게 처리할 줄이야. 내가 서계를 너무 얕봤어.

254

서계가 엄숭을
제거하다

세종 재위 기간에 내각의 수
보 대신 엄숭이 득세하여 아
들 엄세번과 함께 나쁜 짓을
일삼고 충신들을 제거했다.

예부상서 서계가 엄답 사건
으로 두각을 나타내 세종의
신임을 얻자 엄숭은 자신의
지위가 흔들릴까 걱정했다.

그대가 보기
에 서계는 어떤
사람 같소?

재주는 넘치
지만 의심이 많은
사람입니다.

ㅋㅋ

맞소.
서계는 의심이
많아서 중용하기
어렵겠어.

기회가 왔다.
제대로 쐐기를
박아야지.

255

서계의 집

이상하네. 요즘 폐하가 갈수록 날 냉대하신단 말이지.

내 덕에 엄답도 처리했는데 말이야.

제가 보기에 이는 분명 엄숭과 관계가 있습니다.

화를 면하려면 일단 숨을 죽이면서 엄숭의 공격을 피하십시오.

나중에 기회가 왔을 때 단칼에 그를 궁지로 몰아넣는 겁니다.

알겠네!

아직 난 엄숭의 상대가 아니야. 이 정도 모욕쯤은 참고 살아야지.

인내는 쓰고 열매는 달다!

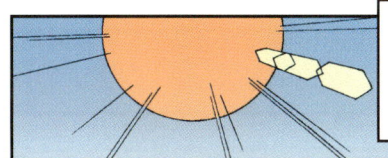

이후 서계는 수년 동안 엄숭에게 약점을 잡히지 않으려고 매사에 신중하고 조심했다.

구란이 감히 짐의 명령을 거부하다니!

장영규에게 구란의 장군직을 잇게 했는데 구 장군이 인수*를 내주지 않고 있습니다.

뭐라고?

구란을 도성으로 압송해 형부에서 심문하도록 하시오!

예, 폐하!

엄숭의 집

아버지, 서계를 없앨 방법이 생각났습니다.

* 인수印綬
중국에서 쓰이던 관인官印의 끈. 관인이란 천자天子 이하, 여러 관리의 관직이나 작위를 표시하는 인印이며, 수綬는 그 인의 고리에 맨 30cm 정도의 끈이다.

257

말해 봐라.

쑥덕 쑥덕

서계와 구란이 친한 친구라 하니……

구란 사건에 서계를 엮어 버리면 만사형통입니다.

세번아, 정말 훌륭한 계책이다!

서계와 구란은 막역한 사이라고 합니다.

따라서 구란 사건에 서계가 분명 연루되었을 것입니다.

지금 그게 무슨 말이오? 구란의 죄행을 가장 먼저 밝힌 대신이 바로 서계요!

아뿔싸!

지금 짐을 기만하려는 것이오?

구란 건으로 엄숭은 서계를
더욱 증오하게 되었다.

서계를
조정에서 쫓아
낼 방법을 빨리
찾아 봐라.

어서~

아버지, 일단
단념하세요.
당장은 손을 쓰기
어려워졌어요.

왜냐?

폐하가 서계
를 내각 차보
대신으로 발탁
했거든요.

이때 그를
건드리면 폐하
께 맞서는 게
됩니다.

그가 총애를
받도록 놔두자
는 말이냐?

그 총애는
얼마 못 갑니다.
당장 그를 쫓아낼
순 없지만 위압
할 순 있습니다.

엄숭은 조정의 일당과 연합해 서계를 압박했다. 서계는 압력에 시달렸지만 조금도 낙담하지 않았다.

그럼 영원히 희망이 없는 것입니까?

꼭 그렇진 않소.

폐하가 계속 엄숭을 신뢰한다면 그를 제거할 방법이 없소.

아들이 실각하면 아버지가 재앙을 입는 건 만고불변의 진리요.

씨익

혹시 엄세번에게 손을 쓸 생각이십니까?

맞소!

엄세번을 제거할 가능성이 있나요?

물론!

이미 다 계획을 세워 놓았소.

폐하의 총애를 받는 도사 난도행이 나선다면 대사가 이뤄지지 않겠소?

태상노군께서 천하가 잘 다스려지지 않는 건 엄숭 부자의 악행 때문이랍니다.

엥?

태상노군도 엄숭을 아나? 난도행이 일부러 엄숭을 모해하는 건 아닐까?

엄숭 부자가 악행을 저질렀는데 왜 하늘이 그들을 벌하지 않는 게냐?

태상노군께 바로 여쭤 보겠습니다.

엄숭은 좋은 사람이니 분명 그의 아들 엄세번이 아버지를 믿고 세도를 부리는 게 분명해.

예로부터 자식을 잘못 가르친 건 아버지의 죄라고 했어.

지금의 천자는 성군인데 엄숭 부자가 이를 가리고 있다고 합니다.

그런 거였군.

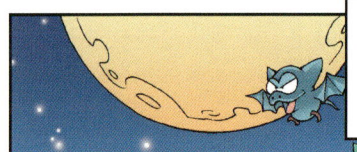

세종의 엄숭에 대한 믿음에 금이 가자 서계는 즉시 추응룡을 불렀다.

추응룡, 그대는 탄핵권을 가진 어사이니 엄세번을 탄핵해 주시오!

엄숭 대인의 아들을요?

무슨 일로 절 부르셨습니까?

태상노군께서 엄씨 부자가 악행을 저질렀다고 말해 폐하도 이를 의심하지 않고 있소.

폐하가 엄세번을 손볼 마음이 있군.

이에 추응룡이 세종에게 엄세번을 탄핵하는 상소를 올렸다.

엄세번이 사리사욕에 눈이 멀어 나라와 백성에 재앙이 되고……

엄숭이 자식을 어찌 가르친 것이냐? 이런 못된 놈이 나오다니!

엄세번을 뇌주로 귀양 보내도록 하라!

엄숭은 관직을 삭탈하고 고향으로 돌려 보내라!

예, 폐하!

반년 후

엄세번이 잘못을 뉘우치기는커녕 서 대인의 목을 벤다고 떠벌리고 다닙니다.

내가 엄세번을 너무 봐줬구나!

며칠 전 어사 임윤이 엄세번과 나용문이 왜구와 내통했다고 고발하자

폐하는 당장 이들을 잡아들여 삼법사에 심문하라고 넘겼소.

이번에야 말로!

이는 엄세번을 제거할 절호의 기회입니다!

그런데 옥에 갇힌 엄세번은 의외로 여유만만한 태도를 보였다.

폐하가 왜구를 증오해 엄세번이 왜구와 결탁했다고 하면 빠져나갈 길이 없습니다.

맞소.

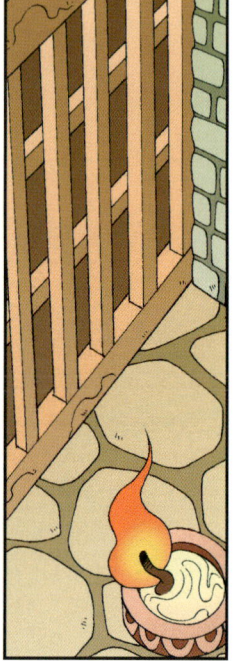

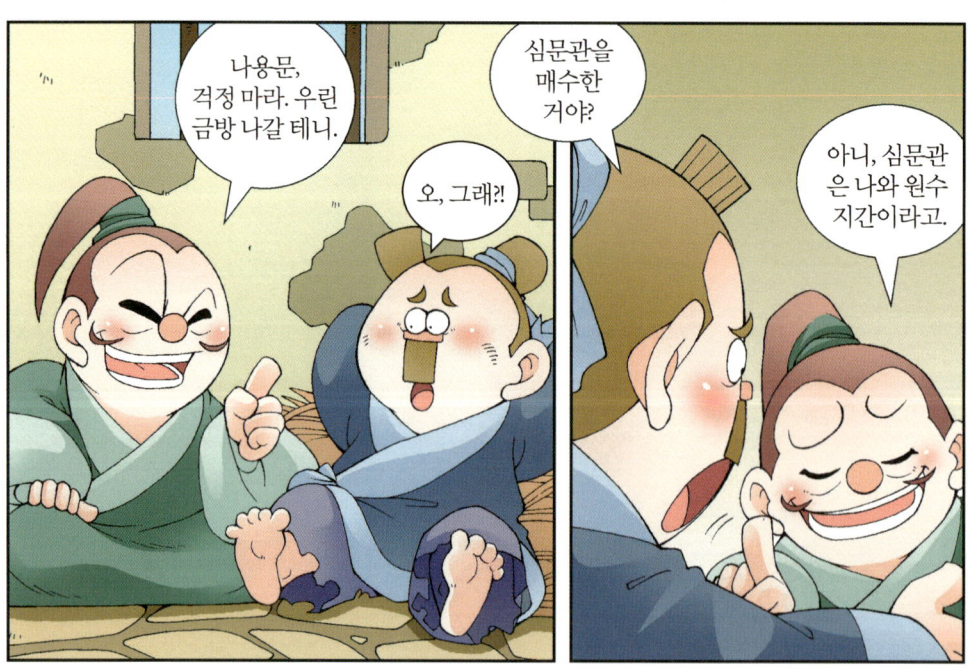

나용문, 걱정 마라. 우린 금방 나갈 테니.

심문관을 매수한 거야?

오, 그래?!

아니, 심문관은 나와 원수 지간이라고.

원수라면 널 더 궁지로 몰아넣을 텐데 어떻게 나간 다는 거지?

양계성과 심련은 폐하에게 사형을 당했지. 만약 내 모함이 성립 된다면 폐하의 판결이 잘못됐다고 얘기하 는 꼴이거든.

그들은 분명 내가 양계성과 심련을 모함했다 는 죄명을 꾸며 냈을 거야.

폐하는 서류를 보고 분명 노발대발 하며 사건을 번복해 우리를 풀어 주게 돼 있어.

여기 엄세번 의 사건 서류가 있습니다.

내가 한번 살펴보도록 하겠소.

음......

그대는 엄세번을 구할 생각이오, 죽일 생각이오?

씩씩

말이라고 하십니까. 당연히 죽여 야지요!

씩씩

265

이 서류를 폐하에게 보내면 엄세번은 자유의 몸이 된단 말이오.

네?

내가 작성한 서류를 베껴서 폐하에게 올리시오.

내 말대로 하면 하늘도 엄세번을 구할 수 없을 것이오.

이 서류는 자존심 강한 폐하의 판결이 불공정했다고 말하고 있소.

세종은 이를 보고 크게 노하여 즉각 엄세번을 사형에 처하고 엄숭의 재산을 몰수했다. 엄숭은 늘그막에 밥을 빌어먹으며 생계를 연명했다.

서계의 서류에는 엄세번이 왜구와 내통하고 몽고를 끌어들여 명의 변경을 침략하게 했다는 내용이 기술되어 있었다.

한 푼만 줍쇼.

앗, 엄숭이 거지가 됐네!

척계광이 왜구를 평정하다 上

명 중기에 일본 낭인들이 해안가에 출몰해 약탈을 일삼았다. 현지인들은 그들을 '왜구'라고 불렀다. 세종 때에 이르러 왜구가 더욱 날뛰어 현지 관원들의 골치를 썩였다.

만표 대인, 갑자기 무슨 일로 저희를 부르셨습니까?

최근 왜구의 피해가 심각해 곰곰이 고민하다가 좋은 방법을 찾아냈소.

각 절에서 승려로 된 순찰대를 결성해 백성들을 괴롭히는 왜구를 쫓는 것이오!

미력하나마 최선을 다해 백성의 안전을 지키겠습니다.

송강
옹가만

앞쪽 저택에
값비싼 물건이
많을 것이다!

ㅋㅋㅋ

가자!

야―

멈춰라!

이런,
승려 순찰대를
만나다니!

허걱

이얍!

퍽─

으악!

순찰대가 너무 강하다. 빨리 달아 나자!

쫓아라!

호 대인, 승려 순찰대를 조직한 후 절강 일대의 치안이 나아졌습니다.

승려들이 소수의 적은 막아낼 수 있지만 왜구가 대규모로 쳐 들어오면 당해 내기 어렵소.

절강 순무

호종헌

그럼 유대유 장군에게 왜구 방어를 맡기면 어떨까요?

좋은 생각이오. 유대유는 전투 경험 이 풍부해 그가 지키고 있으면 왜구가 함부 로 날뛰지 못할 것이오!

유대유는 왜구 토벌 임무를 맡아 전선에서 왜구와 대치했다.

유 장군, 왜구의 수가 얼마 되지 않습니다.

그러하냐?

잘됐다. 아군이 압도적으로 많으니 모두 섬멸해 버리자!

출격하라!

퍽퍽

이얍!

으악!

수적으로 우세한데 왜 적이 사라지지 않는단 말이냐?

유대유 진영

한 달 안에 왜구를 물리치지 못하면 관직을 모두 내놓으라고 명하셨단 말이다.

아군의 수가 왜구보다 열 배나 많아 빨리 승부가 나지 않으면 폐하께서 크게 화내실 텐데.

제가 왜구를 모두 몰아내겠습니다!

척계광, 반드시 이겨야 하는 전투인데 승산이 얼마나 되나?

염려 마십시오. 꼭 대승을 거두겠습니다!

하지만 20여 일이 지나도 척계광에게서 승전보가 들려오지 않았다.

한 달 기한이 다 돼 가는데 척계광은 대체 뭘 하고 있누?

저… 유 장군님.

안절부절

척계광은 매일 군사 몇 명을 왜구 진영에 보내 어르고만 있다고 합니다.

성지가 도착했다!

폐하가 또 우리를 재촉하는구나!

이제 어쩐단 말이냐? 폐하가 추궁하면 나는 끝장이다!

우앙~

휴……

전 장수들을 면직해야 하나 잠시 책임 추궁을 미룰 테니 공을 세워 속죄하라는 폐하의 명이오!

성은이 망극합니다!

전군을 몽땅 소집해 왜구와 결사전을 준비하라!

예, 장군!

이번에 왜구를 물리치지 못하면 혹시 목이 달아나는 건 아닐까?

척계광이 대승을 거두고 왜구를 몰아냈습니다!

야호!

휴, 이제야 살았구나!

하하하...

군사를 보내 도발하기만 하고 싸우지 않은 건 왜구를 무감각하게 만들어 일거에 격파하기 위함이었습니다!

그런 계책이었군. 난 그런 줄도 모르고 속이 탔지.

오호—

하지만 왜구 천 명을 섬멸하려고 아군이 3천 명이나 전사했습니다.

애고—

어쨌든 승리하지 않았느냐? 네가 나보다 낫다!

과찬이십니다!

274

척계광 군영

달릴 때는 바람과 같이, 머물 때는 숲처럼 고요히, 적을 칠 때는 불과 같이, 움직이지 않을 때는 산과 같이, 숨기는 어둠처럼 안 보이게, 움직일 때는 번개처럼 빨리하라.

손자 왈, 군대가 이 경지에 오르면 무적이 될 수 있다고 했다.

무적이라~

사병들이 이 경지에 다다르지 못하면 장수가 아무리 뛰어나도 소용없다.

하지만 내 수하의 병사들은 목숨을 아까워하니 ……

고뇌―

고심―

275

하루는 척계광이 의오 팔보산으로 시찰을 나갔다.

야!

펙!

얍!

앞에 무슨 일 인데 저리 많은 사람들이 싸우고 있느냐?

의오에 광산이 많아 많은 의오 사람들이 부자가 됐는데

이웃인 영강 사람들이 의오에 와 금을 캐려 하자 의오 사람들이 이를 막는 중입니다.

그래서 양측이 저렇게 싸우는 거구나.

맞습니다. 벌써 석 달째라고 합니다.

그렇게나 오래 싸우다니.

어후~

276

흥, 의오에서 금광을 캐려고? 내 몽둥이 맛이 나 봐라!

욱!

형님!

나는 상관 말고 계속 싸워라!

으악!

퍽

감히 내 남편을 다치게 해? 너 이리 와 봐!

씩씩—

헉!

마누라가 갔으니 쟨 이제 끝났다!

내가 어려서부터 아버지를 따라 종군해 흉포한 적을 많이 봐 왔지만 의오 사람과 비교하면 그야말로 새 발의 피구나!

대단하다

내 수하의 사병이 의오 사람만큼 용맹하다면 얼마나 좋을까!

그럼 의오 사람을 병사로 거두십시오!

호종헌은 척계광의 징병 요청을 받아들였다. 척계광은 의오에서 순식간에 군사 4천 명을 모집하고 혹독한 훈련을 시켜 무예가 출중하고 위풍당당한 '척가군'을 조직했다.

옳지, 그거 정말 좋은 생각이다!

Good idea!

278

척계광이 왜구를 평정하다 下

척계광의 엄격한 훈련을 거쳐 척가군은 항상 왜구를 물리쳤지만 아군의 사상자도 꽤 많았다. 속수무책인 상황에서 척계광은 병법에 해박했던 당순지를 만나게 되었다.

척계광, 이 책을 읽으면 문제가 저절로 풀릴 걸세.

아, 그래요?

당순지

당 대인, 이 『무편』은 어느 고수가 쓴 것입니까?

내가 새로 쓴 병서네.

허 허

당순지 대인의 책은 너무 난해하다던데. 읽기 어려운 건 아닐까?

279

이 원앙진이 아주 흥미로운걸. 내일 병사들에게 이 진법을 훈련시키고 효과가 어떤지 보자.

이 비밀 전법을 새로 원앙진이라 명명한다.

진을 펼쳐라!

예!

척—

척—

흠…

12명이 서로 엄호
하고 짝을 이뤄 빈틈
이 전혀 없어서 왜구
를 섬멸하는 데
유용하겠어!

좋았어!

척계광은 영해 전투에서 원앙진을 시험해 보기로 했다.

이번엔 호락호락 당하지 않겠다.

타다닥

진을 펼쳐라!

저들의 진법은 이미 간파된 터라 우리의 상대가 안 된다!

덤벼랏-

휙-

휙휙-

으악!

챙―

챙―

얍!

악!

그 대단하던 왜구도 원앙진 앞에서는 별것 아니구나.

왜구 2백여 명을 섬멸하고 아군은 병사 하나만 경상을 입었습니다.

잘했다!

하하하

기습한 왜구가 수만 명이라던데 왜 오늘은 몇 천 명밖에 안 보인 거지……

이상해. 나머지 왜구는 어딜 간 걸까?

수상-

큰일 났습니다. 다수의 왜구가 신하로 돌진하고 있습니다!

뭐라고?

장군을 뵙게 해 달라!

밖에 무슨 일이냐?

신하에는 군사가 얼마 없어. 게다가 아군 가족들이 다 신하에 있는데.

284

왜구가 신하로 쳐들어간단 얘길 듣고 병사들이 신하 출정을 자원하고 있습니다!

다들 가족의 안전이 걱정인 거겠지.

속히 신하로 행군 명령을 내려라!

다다다

우리가 도착 하기까지 신하 가 무사해야 할 텐데요.

걱정 마라. 신하는 안전할 것이다.

얼마 안 되는 군사로 흉악한 왜구를 어떻게 막아냅니까?

내 부인이 지키고 있어서 왜구가 함부로 신하를 넘보지 못한다.

신하

무기고 안의 갑옷과 무기를 모두 내와라!

척 장군의 명이 아니면 누구도 무기고를 건드릴 수 없습니다!

척 부인에게 잘못 보였다간 내 목숨을 부지하기 어렵겠어.

쓸데없는 소리 말고. 척 장군이 돌아오면 내가 얘기하면 된다.

당장 문을 열겠습니다.

상황 파악이 됐구나.

훗一

갑옷과 무기를 백성에게 나눠 주고 성벽 위에 서 있게 해라!

예, 부인!

신하에 군사가 얼마 없다고 하지 않았나? 왜 이렇게 많은 거야?

힉一

이미 대비책을 세워놓은 것 같습니다.

잠시 물러나 상황을 좀 더 지켜보자.

백성을 모두 성벽 위에 세워 놨더니 왜구가 감히 쳐들어오지 못하는구나.

여보, 왜구의 공격을 잠시 늦췄으니 빨리 우리를 구하러 와주세요!

저기, 척 장군이 오신다!

돌격하라!

와!

288

왜구가 험준한 지형을 방패로 완강하게 저항하는구나.

화총을 한번 써 보십시오. 화총은 위력이 대단하고 접근전을 벌일 필요도 없습니다.

좋은 생각이오!

탕!

탕!

으악!

악!

척계광은 척가군 4천 명을 거느리고 대주에서 왜구 5천여 명을 섬멸했다. 명군의 사상자는 20명이 채 안 되는 대승이었다.

척계광 등의 활약으로 동남 연해의 왜구는 마침내 평정되었다.

이시진과 『본초강목』

세종은 늙는 것이 두려워 온갖 방법으로 불로장생약을 찾고자 했다. 이에 수많은 방사*와 의사들이 궁으로 불려갔는데, 그중 명의 이시진은 진정한 실력과 재주를 갖춘 인물이었다.

이시진, 그대는 민간에서 큰 명성을 얻었는데 왜 궁에서 고생을 사서 하는가?

서위

서 태의님!

아함~

궁의 태의는 많은 의사들이 꿈속에서도 바라는 직책인데 고생이라니요?

좋다. 내 그대에게 실상을 보여 주마!

네?

*방사方士
신선의 술법을 닦는 사람.

봐라, 후원에서 연단을 하는 분이 바로 폐하다.

20년 동안 조정에 안 나오더니 궁에서 이걸 연구하고 계셨군요.

진시황, 한 무제 등 수많은 제왕이 단약에 중독돼 죽었는데……

그런 말은 마음속으로나 하게!

어이구

고생을 사서 한다는 게 무슨 말인지 이제 알아 듣겠느냐?

……

그런데 태의는 왜 궁을 떠나지 않습니까?

헉!

궁은 떠나고 싶다고 떠날 수 있는 데가 아니다. 게다가 태의의 대우도 넉넉하다 보니……

울며 겨자 먹기랄까?!

폐하께서 병환이 드셨다. 서위는 빨리 따라와라!

이시진을 데려가도 되겠습니까?

알았다. 얼른 가게!

쿵

쿵

헉헉, 어서…
오너라……

폐하를
알현합
니다!

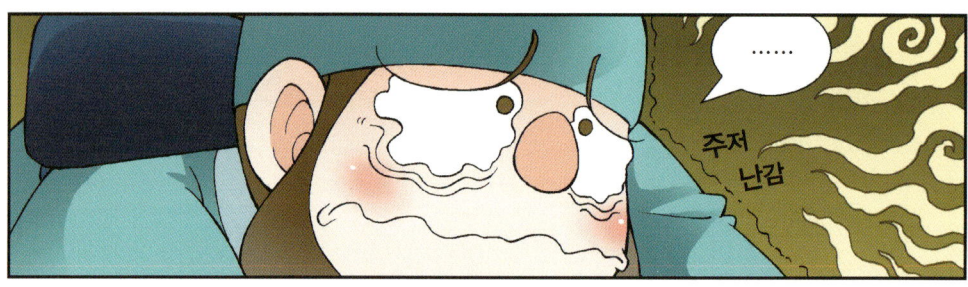

……

주저
난감

왜… 짐의
맥을 짚지
않느냐?

학…

폐하의 용포가
땅 위에 닿아서
신이 다가가
기가……

괜찮다…
이리 와라.

예, 폐하!

폐하는 단약
을 지나치게 복용
해서 수은에 중독
되셨다.

예,
그렇습니다.

폐하의 안색이 심상
치 않아 보였습니다.
이 병은 우리 의사가
치료할 수 있는
게 아닙니다.

295

서위!

폐하가 그대의 충정을 가상히 여겨 상을 내리기로 하셨다!

네?

폐하가 어디서 그대의 충정을 알아챈 줄 아는가?

소인이 최선을 다해 치료했기 때문 아닌가요?

아니다. 그대가 폐하의 용포가 '땅 밑'이 아니라 '땅 위'에 닿았다고 말한 데 크게 기뻐하셨다!

무슨 소린지 당최……

네?

두 가지 말이 무슨 차이가 있나요?

당연히 다르지!

폐하는 땅 위는 사람이요, 땅 밑은 귀신이라고 하셨다.

네?

그럼 제가 그때 '땅 밑'이라고 했으면 어떻게 됐을까요?

당연히 목이 …… 댕강했겠지.

다음에도 잘하라고!

조심하지 않으면 언제 목이 달아날지 모르겠구먼.

297

전 궁에 머물기 어렵겠습니다. 실력을 발휘할 수도 없고 매일 마음을 졸이며 살아야 하다니요.

자넨 나와 달리 진정한 의사이니 더 의미 있는 일을 해야만 하네.

예, 알겠습니다!

세상에는 많은 환자들이 내 치료를 기다리고 있어.

안녕히 계십시오, 폐하.

북경 bye~

298

무당산

이 처방대로 약을 지어 하루 세 번 복용하고 매운 음식을 피하게.

아…

선생님께서 제 병을 자세히 봐 주시고도 돈을 받지 않으니 송구할 따름입니다.

이 산에 선계의 과일이 있어서 먹으면 노인도 아이가 된다는데 진짜입니까?

선계의 과일?

이 선생님의 의술과 의덕은 최고입니다.

과찬이네. 난 그저 의사로서 할 일을 한 것뿐이네.

그런 말은 들어 본 적이 없는데······

??

그 과일을 먹은 사람이 있느냐?

없습니다. 도성의 귀족에게 바치는 것이라 일반 백성은 꿈도 못 꾸죠.

내가 한번 볼 수 있을까?

진짜인지 아닌지 알 수 있을지도 모르니.

산 위에 병사들이 지키고 있어서 볼 수도 없습니다.

호기심이 마구 발동하는군. 어떤 과일인지 한번 보고 싶은걸.

300

이시진은 병사들의 눈을 피해 밤에 몰래 산을 타고 올라갔다.

휴, 겨우 올라왔다. 너무 위험했어.

영차~ 영차~

선계의 과일이 어디 있지?

찾았다. 저 과일이 분명해!

한번
먹어 볼까?

음?

이건…

그냥 보통 매실
이잖아. 젊어지는
약이 세상 어디에
있겠어?

휙—

이런 헛소문을
바로잡기 위해서라도
내가 직접 나서야
겠어. 의욕이 막
솟구치는걸.

이시진은 30년 동안 직접 약초
를 캐고 맛보며 유명한 의서인
『본초강목』을 저술했다. 이 책
은 중국 의학사 발전에 지대한
공헌을 했다.

황제를 신랄히 비판한 청백리, 해서

간신 엄숭이 실각한 후 내각 수보 대신 서계는 세종에게 대신의 의견을 많이 들으라고 건의했다. 이에 황제를 비판하는 상소가 세종의 책상에 산더미처럼 쌓였다.

황금, 서계는 사기꾼이었어.

그게 무슨 말씀입니까?

서계가 짐에게 언로를 넓히라고 한 이후로 매일 짐을 욕하는 상소를 보고 있다. 글자 하나가 물 한 방울이라면 벌써 몇 번은 빠져 죽었겠다!

폐하를 비판하는 것이 언관의 직책입니다. 서 대인은 폐하께 이를 일깨워 준 것뿐입니다.

그 전에는 왜 짐을 욕하는 상소가 없었느냐?

엄숭이 상소를 올리지 못하도록 신하들을 압박했기 때문입니다.

어쨌든 짐은 기분이 언짢다고!

매일 욕만 먹으면 누군들 기분이 좋겠느냐?

아오!

그래도 계속 읽어야지. 혹시 짐을 칭찬한 상소가 있을지 모르니.

애고…

폐하의 자질은 한 문제보다 월등하지만 한 문제에 비하려면 아직 멀었습니다.

폐하는 백성의 고혈을 짜내고 토목공사를 일으키고 20년 동안 조정을 내팽개쳐 법 기강이 문란해지고 백성은 도탄에 빠졌습니다.

이…

또한 폐하가 연호를 가정으로 고친 목적이 집집마다 재물을 싹쓸이하려는 걸로 여기고 있습니다.

폐하는 황제의 자격이 전혀 없어 백성들이 관심에도 두지 않고 있습니다.

이 상소를 올린 해서란 놈은 누구냐?

호부주사입니다.

날벼락이 떨어지겠군!

탁-

해서 놈이 도망가지 못하게 당장 잡아 와라!

어찌해야 하나?

꼭 이러실 필요가 있겠습니까? 요즘 비판을 자주 들으셨잖습니까?

이건 비판이 아니라 노골적인 도전이다!

짐이 날마다 상소를 읽고 국가 대사를 처리하는데 국정을 돌보지 않는다니!

이놈을 죽여야 분이 풀리겠다!

305

소나무나 측백나무로 할까요, 아니면 상등품인 금 띠를 두른 녹나무로 하겠습니까?

가장 싼 관 으로 주게.

주인장, 관 하나만 부탁하네.

내가 모은 녹봉으로는 좋은 관을 살 수가 없어.

해서

여보, 이건……

아, 부인 마침 잘 오셨소.

웬 관이?

부인, 내가 죽으면 이 관에 날 넣어 주시오.

네?

문관은 간하다가 죽는다 했으니 난 가치 있게 죽는 거야.

뻥!

해서 대인, 우리와 같이 가십시다!

기다리고 있었네. 가세나!

여… 여보!

죽을 각오를 하고 상소를 올렸다 이 말인가?

해서가 상소를 올린 다음날 관을 맞췄다고 합니다.

사전 준비는 아주 철저히 했구먼.

일단 해서를 옥에 가두어라. 어찌 처리할지는 좀 더 생각해 보자.

심사숙고한 뒤에 이 상소를 올린 것으로 보여.

예, 폐하!

해서가 옥에 갇혔단 얘길 듣고 서계가 세종을 찾아갔다.

서계, 해서를 변호하러 왔다면 입도 뻥긋하지 마시오.

신은 폐하께 절대 해서의 간계에 속지 마시라는 말씀을 드리러 왔습니다.

뭐?

해서가 상소를 올린 후 관을 샀다는 것은 자신의 상소가 폐하의 심기를 건드릴 줄 알았다는 뜻입니다.

해서의 목적은 폐하의 심기를 건드려 죽음으로 명성을 얻고자 함이 분명합니다.

만일 그를 죽이면 그에게 충신의 명성을 이뤄주게 됩니다.

해서가 충신이라면 사서에 폐하는 어떻게 기록되겠습니까?

짐은 분명 폭군이 되겠지……

절대 해서의 꾐에 빠지시면 안 됩니다!

짐이 어찌 그의 꾐에 빠지겠소?

다만 그를 옥에 좀 더 가둬 두어야겠소.

꾐에 빠져서도 안 되지만 쉽게 풀어 줄 수도 없지.

어쨌든 해서의 목숨은 구했다.

휴~

해 대인, 저녁 식사요!

1566년, 세종이 세상을 떠나고 목종穆宗 주재후朱載垕가 즉위했다.

오늘 저녁은 아주 푸짐하구려!

간만에 포식하겠는걸.

죄인이 사형 당하기 전에 배불리 먹인다던데

애!

설마 내가…

엉뚱한 생각 마시오!

새 황제가 등극하여 사면령이 내리면 대인도 곧 풀려날 거요.

뭐?

엉엉엉

폐하, 어찌 이리 일찍 돌아가셨습니까?

해서, 빨리 나와 폐하를 뵈러 가자!

좋소!

311

해서는 세종이 죽고 목종이 즉위하면서 다행히 풀려났다.

짐은 그대 같은 명관에게 중임을 맡길 생각이오.

황공하옵니다!

그대를 응천순무에 임명할 테니 강남을 잘 관리하시오!

예, 폐하!

강남은 부유한 땅이라 이해관계가 얽히고설켜 있어 다스리기 쉽지 않겠어.

응천부

서계 대인이 송강에 대량의 토지를 강점했다고?

그렇습니다.

이 일을 들추면 서 대인에게 미움을 사게 됩니다.

아무리 권력이 높아도 잘못을 저지르면 벌을 받아야 한다!

서 대인에게 편지를 써서 빼앗은 토지를 모두 내놓게 하겠다!

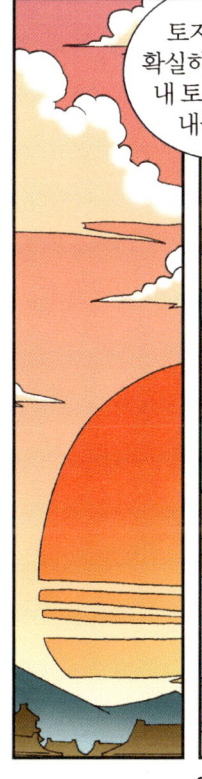

토지 강점은 확실히 잘못했네. 내 토지 일부를 내놓음세.

하지만 해 대인은 모든 토지를 바치라고 합니다.

313

내가 아니었으면 해서는 벌써 죽었다.

일부 토지를 내놓는 것도 그의 체면을 많이 봐준 것인데……

나 서계야.

그가 옥에 너무 오래 있어서 현실감이 무뎌졌나 보다. 이 일은 곧 지나갈 것이다.

제가 보기엔 그리 간단히 끝날 일 같지 않습니다.

해서가 강경하게 나가자 서계도 어쩔 수 없이 모든 토지를 내놓았다.

해서가 권력을 두려워하지 않고 백성의 편에 서자 민간에서는 그를 '해청천'이라 부르며 추앙했다. 그는 중국 역사상 가장 유명한 청백리이다.

해서가 인정사정 봐주지 않아 강남 관원들은 그를 염라대왕이라고 부르며 벌벌 떤다고 합니다.

장거정이 고공을 몰아내고 권력을 쥐다

1572년, 목종 주재후가 병사하고 겨우 열 살 된 명 신종神宗 주익균朱翊鈞이 즉위했다. 내각 대학사 장거정과 사례감장인 태감 풍보가 유조를 받들어 함께 나이 어린 황제를 보좌하자 내각 수보대신 고공은 불만이 아주 많았다.

관례에 따라 내각 대신이 보정을 책임져야 하는데 풍보가 웬 말이오?

그럼 이렇게 하심이……

속닥 속닥

좋은 계책이오!

내일 폐하에게 환관의 참정을 불허하라는 상소를 올리겠소!

풍보의 집무실

풍 대인,
고공 대인의
상소입니다.

어, 그래?
어디 보자.

환관 참정을
불허하라고?

네엣?

환관의 참정을
금하면 나는
끝장 아니냐?

이 상소는
절대 폐하에게
보여 드려선
안 된다.

상소를 고 대인
에게 돌려주고
선제의 유조를
어길 수 없다고
전해라!

예! 대인.

모든 상소는 반드시 사례감을 거쳐야 해서

사례감의 험담을 늘어 놓은 상소는 죄다 반납되는 것 아니겠습니까?

가련한 폐하는 상소를 읽을 기회조차 없구려.

장거정, 그게 무슨 뜻이오?

제 말이 거슬렸다면 너그러이 용서해 주십시오.

흥, 일개 대학사가 보정의 명을 받았다고 내각 수보 대신까지 우습게 보는 거요?

허허……

고공이 사례감을 처리하면 다음 목표는 나겠지?

열 살 된 아이가 나라를 다스리기 어렵다고 환관이 정권을 쥐는 상황이 벌어졌구나!

저런 대역부도한 말을 입에 담다니!

풍 대인, 큰일 났습니다!

무슨 일인데 이리 호들갑이냐?

급사중들이 궁으로 들이닥쳐 대인이 상소를 폐하에게 전하지 않았다고 아우성입니다. 또……

또 뭐냐?

대인이 선제를 독살하고 유조를 고쳤다고……

장거정을 만나서 대책을 의논해야겠다!

서두르세요, 대인.

이 죄목에 걸리면 목이 달아나는 건 시간 문제야!

장거정의 집

장 대인, 이제 어찌하면 좋겠소?

이건 고공의 짓이 분명하오.

조정이 모두 고공의 사람이라 저는 끝장입니다.

폐하가 손을 쓰면 고공이야 말로 끝장이오.

어떤 사람만 우리를 도와주면 고공을 제거하고 풍 대인은 아무 일 없을 것이오.

고공은 일인지상, 만인지하의 위치에 있는데 누가 그를 제거한단 말입니까?

명나라 황궁

폐하, 고공이 반란을 꾸미고 있습니다.

그럴 리가 …

나도 놀라는 표정을 지어야 겠지?

320

며칠 전 그가 신에게 열 살 된 아이가 어찌 천하를 다스리느냐고 말했습니다.

뭐라고?

태후마마, 고공이 주왕을 새 황제로 옹립하려 했다는 얘기도 들었습니다.

고공은 개봉 사람이고, 주왕 부도 개봉에 있으니……

음…

신도 장 대인 곁에서 똑똑히 들었습니다.

고공은 도둑놈 상판인 게, 딱 봐도 나쁜 놈이오!

짐이 반드시 그를 제거하겠소!

내일 명을 내려 고공을 파면 하십시오.

음, 그러리다.

고공은 조서를 반포한다는 소식을 듣고 풍보를 탄핵한 상소문이 효과를 발휘한 것으로 여겨 당당하게 궁으로 들어갔다.

고공은 후한 은혜를 입고도 어린 주군을 멸시했으니 관직을 모두 박탈한다!

엥?

이게 대체 어떻게 된 일이지?

털썩~

고 대인, 바닥이 찹니다. 일어나시지요.

엇?

가증스런 장거정 놈이 다 꾸민 일이군!

322

고공이 파면된 후 장거정이 내각 수보 대신에 올랐다. 하지만 그의 경험이 일천하고 조정에 고공의 수하들이 많아 장거정은 끝없는 압력에 시달렸다.

내 반드시 고공 일당을 조정에서 모두 쫓아 내고 말 테다!

자객이 환관 복장을 하고 건청문을 몰래 빠져나갔다고 합니다!

뭐라고요?

동창에서 이미 철저히 조사 중에 있습니다.

자객의 이름은 왕대신으로 척계광 수하 병사랍니다.

척계광 수하라고요?

척계광과 나는 아는 사이라 이 소식이 퍼지면 내가 폐하를 암살하려 했다고 오해할 텐데.

낭패로다!

죄를 고공에게 뒤집어 씌우면 어떻겠습니까?

좋은 생각이오!

딱ㅡ

풍 대인은 동창 관사 태감이니 이 일을 맡아 주시오.

염려 마십시오. 제가 물샐 틈없이 처리하겠습니다.

324

형부 급사중 집무실

전임 수보대신
이 암살 사건에
연루되었네.

확실
합니까?

그럴 리
가요?

고공 대인이
폐하를 암살하려
했다면 이런 저열
한 방법을 썼겠
습니까?

이건 틀림
없는 모함
입니다!

이 사건은 형부
관할이니 우리가
앞장서서 고공
대인의 누명을
벗겨 줍시다!

당장 장 대인
을 찾아가서 고
대인의 사면을
청합시다!

매일 찾아와도 집에 없잖아!

연달아 닷새 동안 코빼기도 안 보이는 건 일부러 우릴 피하는 거라고!

진상을 감추려다가 도리어 드러나니까 그랬겠지?

급사중 대인들 아닌가!

어이~

양박 대인!

양 대인도 고 대인 일로 장거정을 찾아왔습니까?

맞네.

잘됐습니다. 이부상서께서 나서면 장거정도 별수 없을 겁니다.

326

장거정의 개혁으로 나라가 부강해지다 上

양박의 권고로 장거정은 왕대신 사건에서 손을 떼기로 결정했다. 이에 금의위 도독 주희효와 동창 관사 태감 풍보가 함께 왕대신을 심리했다.

자백 기록이 수정된 것 같습니다.

그래요?

주희효

주 대인, 이는 장 대인이 수정한 것입니다.

네엣?

그날 풍 대인이 자백 기록을 장 대인에게 조사하라고 넘겨줬는데, 장 대인이 지우고 고쳐 쓰는 걸……

동창의 자백 기록을 고치면 목이 잘리는데.

범인을 데려와 심문하라!

주 대인!

풍 대인, 오셨소!

먼저 곤장 15대 를 쳐라!

범인 왕대신을 데려 왔습니다.

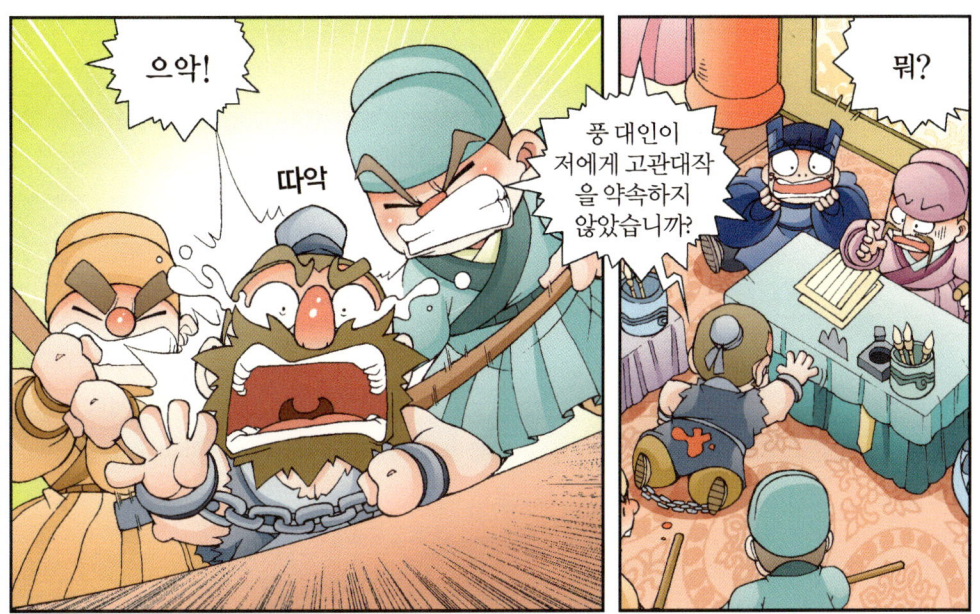

허튼소리 마라! 감히 풍 대인을 모함하다니!

여봐라, 저놈을 끌고 가라!

예.

어쩌다 이 지경이 됐지?

아이고~

아무래도 누가 뒤에서 조종하고 있는 것 같습니다.

빨리 사건을 종결짓고 주모자를 더는 캐지 마시오.

휴~

그래야겠습니다.

조정에 그럴 만한 인물은 양박밖에 없소.

왕대신은 궁궐 침입 죄로 곧 사형에 처해졌다. 장거정은 정권을 잡은 후 맞은 최초의 위기를 무사히 넘겼다.

울화통~

이 일을 3년이나 끌고도 끝내지 못하다니!

업무 효율이 낮은 점을 돌아가서 반성하시오!

버럭

저희는 최선을 다했습니다만 아래에서 미루는 통에……

음……

내 이런 관료 풍조를 반드시 바꾸고 말겠소!

장거정은 대신들을 모두 불러 모아 관료 사회 개혁 조치를 발표했다.

공무는 일률적으로 책자에 기록해 부서마다 책자에 따라 하나하나 검토할 것이오.

만약 지체되거나 완수하지 못한 일이 발견되면 책임 관원이 내각에 보고하시오.

이후로 관원들은 매년 한 차례씩 시험을 치르고 불합격한 자는 짐을 싸시오!

정당한 이유 없이 일처리가 늦어지면 모두 엄벌에 처하겠소!

힉-

앞으로는 게으름을 못 피우겠다.

병부가 솔선해서 이 제도를 집행하고 다른 부서도 이를 따르시오!

예, 대인!

332

봉양, 광동, 절강의 순무가 기존의 임무를 완수하지 못했습니다.

그들에게 3개월 감봉 처분을 내려라!

예, 대인!

이후로 누가 감히 업무를 태만히 하나 보자!

씩씩

장 대인이 정말로 행동에 옮겼어.

관원들의 나태한 풍조가 사라지고 업무 효율이 매우 높아졌습니다.

잘됐구나 그런데…

333

원래 열심히 공부하던 자가 진사에 합격하고 관리가 되면 곧 나태해지는 건

맞습니다. 각 부서와 지방의 장관도 모두 진사가 독점하고 있습니다.

이부에서 관리를 선발할 때 진사만 뽑기 때문이지.

국자감에서 공부하는 감생이나 복무 성적이 우수한 이원을 얕보는 경향이 있어.

진사 출신은 관운이 형통해서 열심히 일하지 않고

비진사 출신은 전망이 없어서 대충대충 일하게 되지.

누구도 열심히 일하려 하지 않으니 관료 사회가 생기라곤 찾아볼 수가 없어!

그럼 왜 인선 제도를 개혁하지 않으십니까?

진사 출신 이부 관원들이 개혁 후 인선 제도를 거부할 게 확실하단 말이야.

당연히 개혁해야지! 하지만

대부분의 관원이 진사 출신임을 보장한다면 그들의 저항도 그리 세지 않을 것입니다.

좋은 생각이네!

좋았에!

이후 진사 출신 관원과 감생, 이원 출신 관원 비율을 3:1로 규정하자고.

그렇게 하면 관원들의 적극성이 분명 향상될 것입니다.

그러길 바라야지.

폐하께서 친히 성적이 우수한 관원들을 접견하고 연회를 베풀어 주십시오.

그대의 말대로 하리다.

OK!

이것은 신이 최근 펴낸 『제감도설』이니 틈날 때마다 보십시오.

참, 불합격한 관원은 어떻게 처리했소?

법사에 보내 문죄하는 중입니다.

나이 어린 신종은 장거정의 독촉으로 매일 학문에 매진했다. 장거정의 치세로 나라는 날로 번창하고, 이로 인해 장거정의 명망도 크게 높아졌다.

장거정의 개혁으로 나라가 부강해지다 下

이번 녹봉은 돈이 아니라 현물로 받았어.

면화, 땔감, 생선 같은 현물은 항상 부족해서 큰일이야.

그럼 거리로 나가 팔아서 돈으로 바꾸라고.

에이, 그럼 체통이 뭐가 되나?

녹봉으로는 전혀 생계를 꾸릴 수가 없으니 굶어 죽지 않으려 다들 탐관오리가 되는 것이지.

장거정 역시 봉록을 돈이 아닌 현물로 받았다.

면화는 오래 보관할 수 있어서 저보다 낫네요.

제 올해 녹봉은 사과라 며칠 안 됐는데 벌써 썩었습니다.

에휴—

내 올해 녹봉도 돈이 아니라 면화네.

이렇게 가다간 생계가 막막해진다고요!

그 정도는 아니잖나?

녹봉은 박해도 관리와 그 친족은 요역과 농지세가 면젠데.

그 특권이 많은 문제를 야기했습니다. 일부 부호는 농지세를 덜 내려고 토지를 관리 명의로 돌리고 있다고요!

어떻게 그런 일이?

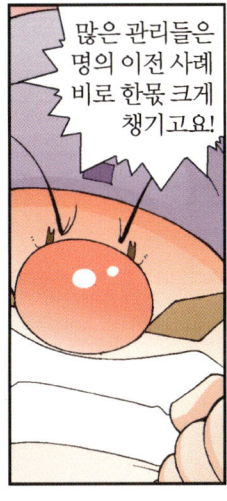

많은 관리들은 명의 이전 사례비로 한몫 크게 챙기고요!

심한 경우 어떤 부호는 관리와 결탁해 옥토를 황무지로 신고하기도 합니다.

죽일 놈들!

내 새로 땅을 측량해 문서화하고

문제 있는 땅들을 모두 색출해 내겠다!

저희는 땅을 측량하러 왔으니 비켜 주십시오!

내 뒤를 봐주는 분이 누군 줄 아느냐?

그건 내가 알 바 아니고 우린 공정하게 일할 뿐입니다.

좋은 말로 할 때 들어야지. 저놈들을 매우 쳐라!

앗!

이를 막는 자는 지위고하를 막론하고 모두 서인으로 강등시키고

무력을 동원하는 자에게는 중벌을 내려라!

많은 황친과 외척들이 권력을 믿고 토지 측량을 막고 있습니다.

저들이 아직 매서운 맛을 못 봤구나!

장거정의 대대적인 토지 재조사 사업은 4년 만에 마침내 완성되었다.

문제가 있는 걸로 밝혀진 땅은 총 2억 6,700만 무이고, 현재 국내 가용 경지 면적, 은 7억 8,500만 무 입니다.

오, 그래. 그동안 수고했다.

토지 측량이 끝났으니 세법을 개혁할 시기가 됐다!

세법 개혁이요?

전 내각 수보대신 서계가 추진한 세법 으로 토지 면적에 따라 적용한 세금을 은으로 납부하게 하는 것이다.

'일조법편 一條鞭法'말 이군요. 관리들의 이익을 해친다고 결국 널리 시행되 지 못했죠.

남직례, 강서에서 일조편법을 시행해 현지 백성들의 큰 호응을 얻었다.

시행 지역이 다 남방이라 북방에도 적용될지 모르겠습니다.

시행해 보지 않고 어찌 알겠느냐?

백 지현님, 도성에서 편지가 왔습니다.

도성에 아는 사람이 아무도 없는데 누가 편지를 보냈지?

장거정 대인이 우리 동아에서 일조편법을 시행한다고?

백동

매년 납세액이 일정해 관원들이 온갖 명목으로 징수하는 세금을 걱정 할 필요가 없어졌어!

밭이 많으면 세금을 많이 내고 적으면 적게 내니 얼마나 공평해!

온갖 잡세도 없어졌다고.

유일한 단점은 식량이 아닌 은으로 납부해야 한다는 거야.

하긴 식량을 팔아서 은으로 바꾸면 되지.

북방에서도 일조편법을 시행한 결과, 그 효과가 금방 나타났다.

일조편법이 동아 백성들에게 크게 환영받았습니다.

내 그럴 줄 알았다.

일조편법이 남북에서 다 통하나 봐.

좋은 세법이니 당연히 환영 받을 수밖에.

이후 대신들의 녹봉은 더 이상 현물이 아닌 금은으로 지급한다!

야호-

잘됐다!

수일 내에 전국적으로 일조편법을 시행하라!

장거정이 개혁에 박차를 가하고 있을 때, 고향에서 비보가 날아왔다.

대인의 부친께서 돌아가셨습니다!

뭐라고?

346

아버지, 엉엉……

관직을 떠나 3년간 거상을 해야 한다니,

세법 개혁을 반도 진행하지 못해 지금 관직을 떠나면 노력이 다 허사가 될 텐데.

참, 내가 고향으로 돌아가 부친상을 치러야 하잖아?

그러셔야죠.

그럼 탈정奪情을 신청하시면 됩니다.

조정에 특수한 상황이 생기면 폐하의 재량으로 관료의 거상을 막는 것이죠.

하지만 영종의 유조에 모든 관원의 탈정을 불허한다는 내용이……

그래, 폐하는 내가 없으면 안 돼. 폐하가 만류한다면 남을 수가 있다고!

장 대인, 가지 마시오! 짐은 그대가 필요하오!

영영~

폐하, 이러시면......

역시 예상 대로야. 이제 연극만 제대로 하면......

탈정으로 그대를 탄핵하는 자가 있다면 짐이 입을 막아 버리겠소!

아버지의 은혜에 보답하려면 신은 고향으로 돌아 가야 합니다.

게다가 신이 남는다면 영종 황제의 유조를 어기게 됩니다.

특수한 상황이라 선조께서도 그대를 탓하지 않을 것이오!

난 장 대인이 없으면 아무것도 할 수 없어.

제길, 이렇게 많은 사람이 내 탈정을 탄핵하다니!

폐하께 아뢰어서 혼꾸멍을 내주겠다!

탁!

야옹~

왕석작 대인이 어쩐 일이오?

장 대인을 탄핵한 대신을 혹독한 매질로 다스린다기에 용서를 구하러 왔습니다.

이는 폐하의 노여움을 산 것이라 나한테 빌어야 아무 소용 없소이다.

원인 제공자는 대인 아닌가요?

히죽

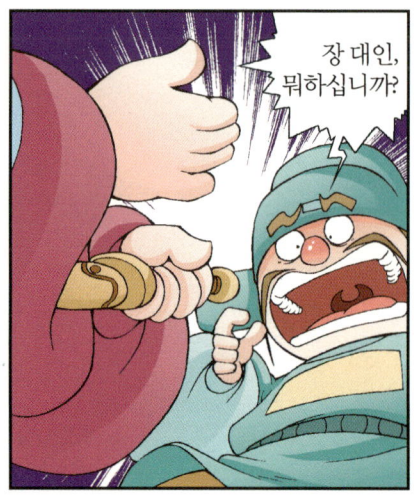

장 대인, 뭐하십니까?

폐하께서 날 머물게 했는데 그대들은 날 쫓아내려 하니 나보고 어쩌란 말이오?

차라리 죽는 게 낫겠소이다!

장거정이 자신을 탄핵한 관원들에게 강경한 수단을 취하자 조야에서 비난이 빗발쳐 그를 곤혹스럽게 했다. 그는 이를 잊기 위해 밤낮으로 일에 매달리다가 결국 병을 얻어 세상을 떠나고 말았다.

완전히 미쳤어. 같이 있다간 큰일 나겠다!

기겁-

다음 권에 계속됩니다…